KB233422

비하인 더 커튼

(Behind the Curtain)

송민성 지음

지금껏 얘기되지 않은

삶의 비하인 더 커튼(Behind the Curtain)을 공개하고

부드러운 미소만으로 고난의 인생을 이겨내는

신비로운 힘을 느껴보게 된다.

차례
CONTENTS

글머리에 **006**

1장 '보는 눈'을 바꾸면 더 막강해진다 **011**

020 내가 보지 못하는 엄청난 것들

038 나의 성능기록부

056 '받아들이기' 그리고 '비워놓기'

074 엄친딸, 엄친아는 없다

094 '걱정하기' vs '해결책 찾기'

111 인생이 담는 시간의 미학 – 허송세월과 휴식

127 시계의 시침도 움직이고 있다

2장 나의 상황을 180도 바꾸는 것들 **143**

151 나의 과거는 지금도 만들어지고 있다

160 다른 사람들을 경쟁상대로 여기지 말라

174 당신을 매우 특별한 사람으로 만들라

182 나와 친한 사람들은 왜 내가 선망하는 대상이 아닌가?

190 내가 앓고 있는 증후군

196 인생의 생리학 – 사점(Dead Point)과 슬럼프(Slump)

204 카우치 포테이토(Couch Potato)와 마우스 포테이토(Mouse Potato)

3장 내가 발전하고 있다는 결정적 징후 **213**

218 지식의 한계에 대한 불안감

221 규칙적으로 할 일(Task)의 목록을 수행

224 "그게 될까?"라는 주위의 빈번한 반응

226 남의 성공에 진정한 박수를 보내는 나

229 계속되는 실패와 좌절감의 스트레스

232 다시 시도할수록 점점 무뎌지는 성공의 관문

235 남들로부터 부여되는 새로운 기회

현대사회를 사는 우리들은 마치 거대한 열병을 앓고 있는 듯하다. 똑같은 생각의 유니폼을 입고서 자기 인생의 개성을 주장하고, 자기 자신에 대해서조차 속속들이 모르면서 "세상만사에 통달한 것"같은 자만심으로 무장하기도 한다.

슈바이처 박사가 말한 것처럼, 지금 우리 모두는 운전사도 없이 비탈길로 곤두박질치고 있는 차에 타고 있는지도 모른다. 인생이 도착했으면 하는 곳에 대한 열망도 삶의 밖에다 내동댕이치고, 또 자기의 인생을 군중의 생각으로 살면서도 나를 둘러싼 체념들이 무엇인지 의심해 보지 않는다.

잘 알지도 못하는 성공에 대한 무의식적인 집착을 애써 감추면서, 그리고 강박증에 가까운 남들의 성공가이

드를 들고서, 고단한 인생을 헤쳐나가는 전사(戰士)가 되어버린 우리시대의 여린 마음들이 너무 안타깝다. 야무진 담금질이 아닌 부추김에 떠밀려서 말이다.

이 글은 현대사회를 사는 우리가 이미 특별한 존재임을 알리고 싶은 작은 바람을 담고 있다. 우리 모두의 인생이 하나하나 빛을 내는 거대한 별과 같은 차원의 것이라는 놀라운 메시지도 전하고자 한다.

힘들고 지친 이들에게 시답지 않은 요란한 극복의 기술들을 선보이기보다는 이미 우리들 모두의 내부에 잠재해 있는 거대한 에너지의 실마리들에 조명을 비추려 한다. 그리고 가끔은 극복의 열쇠를 들고서도 자물통을 부수는 인생의 아이러니에도 조명을 내어주려 한다.

세 개의 단원 중에 초반은 어쩌면 현학(玄學)적일 수 있지만, 나름대로 우리가 잘못 보고 지나친 것들을 에피

소드형식으로 끌어내어 재미를 더했고, 중반과 후반에
는 우리가 항상 마주하는 일상에서 꼭 들여다봐야 하는
것들로서 호기심 갖기에 충분한 은밀한 법칙들을 소개
했다.

그리고 독자 분들이 이 책을 더욱 즐겁게 음미하길 원
한다면 첫 단원부터 마지막 단원까지 꼭 순서대로 읽어
주기를 권한다. 책의 분량을 줄여 끝까지 읽는데 부담을
없애려 했기에, 여유로운 여행처럼 목차 하나하나를 느
긋한 걸음으로 지날 때 한층 그 향미가 더해질 것이다.

이 한 권의 책이 독자 모두에게 막대한 에너지를 제공
하지 못하더라도 커다란 자극을 줄 것으로 믿는다. 성공
을 위해서도, 윤기 있는 삶을 위해서도, 남에게 의미 있
는 사람이 되는 것에도 그렇다. 인생을 거창하고 대단한
무엇인가로 채우지 않더라도, 거기서 그냥 그렇게 생각
하고 행동함으로써 원하는 것을 얻게끔 도와 줄 것이다.

그리고 항상 어렵고 힘든 일과 싸워서 이겨내야만 하는 분투적인 인생을 마치 화창한 봄날에 누군가와 재미있게 시소를 타듯 즐기는 인생으로 바꾸어 줄 것이다.

졸필임에도 이 메시지를 전할 수 있는 기회를 준 연경문화사 이정수 대표님과, 어쭙잖은 글 매무새에 인내심을 가지고 교정 작업에 힘써준 편집부에 감사의 뜻을 전한다.

마지막으로, 집필기간 동안 물심양면으로 모든 것을 양보해 준 나의 어머니와 아내 진희에게 감사하고, 나의 영글지 않은 생각을 항상 긍정으로 북돋아 준 이광진 교수님, 정오영 교수님, 신언명 교수님 그리고 작가강사 한지훈님, 방송작가 김소연님 그리고 언론인 원대연님, 박준국님에게도 깊은 감사를 드린다. 특히, 항상 실천으로서 삶을 독려해주시는 김영진 전 의원님께 깊은 감사의 말씀을 전하고 싶다.

내가 보지 못하는 엄청난 것들

나의 성능기록부

'받아들이기' 그리고 '비워놓기'

엄친딸, 엄친아는 없다

'걱정하기' vs '해결책 찾기'

인생이 담는 시간의 미학 – 허송세월과 휴식

시계의 시침도 움직이고 있다

1

'보는 눈'을 바꾸면 더 막강해진다

1

'보는 눈'을 바꾸면 더 막강해진다

사람들은 누구나 나름대로 세상을 '보는 눈'을 가지고 있다. 그리고 그 '보는 눈'으로 어떻게 살 것인지 결정하고, 앞으로도 그 기준으로 자신의 삶을 만들어 간다. 인생에서는 늘 행복과 불행의 갈림길에 맞닥뜨리기 마련이다. 불행은 피하고 싶고 행복은 쫓아다니려 한다. 실제로, 오늘을 사는 우리들은 이 '보는 눈' 때문에 자기 인생에 대해 행복감을 느끼거나 실망감을 느끼게 되는 것이다. 자신이 정한 기준에 따라 행복인지 불행인지 평가해버린다. 더구나 이렇듯 행불행의 기준이 되는 이 '보는 눈'은 자신의 과거와 달라지기도 하고, 미래에도 어떻게 달라질지 모른다.

우리는 살면서 세상(우주)과 인간을 보는 어떤 잣대가 있다는 것 정도는 그럭저럭 알고 있다. 철학에서는 이것을 '우주론(세상을 어떤 것으로 보는가)'과 '인간론(인간은 어떤 존재인가)'이라고 하는데, 이 두 가지를 통해서 인간의 잘못에 대한 '진단'을 하고, 그 잘못을 바로잡기 위한 '처방'을 한다. 철학사상이라는 것도 대개 이렇게 4단계의 구조로 되어있다. 이 4가지 요소로 세상(우주)을 해석하고 인간존재를 규정해서 범용적인 문제 해결법을 제시하는 것일 게다.

실제로 과학의 등장, 국가의 등장, 대학기관의 탄생, 이데올로기의 출현, 법과 제도의 생성 등, 인류의 거대한 변화의 물결도 그 철학적 세계관이 영향을 준 결과이다. 여기서 복잡한 철학의 세계를 얘기할 것은 아니지만, 잘

들여다보면 현재에 이르기까지 인간과 사회의 변화를 주도해 왔던 다양한 철학사상도 사실은 세상(우주)과 인간을 평가하는 '보는 눈' 중의 하나임을 알 수 있다.

또한, 이 '보는 눈'이란 녀석은 우리의 인생에 대해서도 여러 가지 기준을 정하고 있다. 그리고 사람들은 대체로 그 '보는 눈'의 기준에 따라 평가하게 된다. 그러므로 '보는 눈'이 어떠한가는 각자의 인생에서 잘되고 못 되는 것을 정하는 기준이 되는 셈이다. 그렇다면, 우리 인생에서 '나의 주변이 어떻게 되어있는가?'보다 '내가 어떻게 볼 것인가?'가 실제로 우리의 인생을 바꾸어 놓는 기준이 될 수 있다. 어쩌면 당신은 자신의 인생을 '어떤 눈'으로 보고 있는지 한 발짝 물러나서 봐야 할 필요가 있다.

우리는 인생을 살면서 수많은 일들을 겪고, 추억하며 또 계획한다. 자신의 과거에는 기쁜 일도 있었고 슬픈 일도 있었다. 즐거웠던 일도, 힘들었던 일도 있었다. 그러나 아이러니하게도 과거에는 기뻤던 일이 지금은 슬픈 일이었다고 추억하는 경우가 있다. 혹은 과거에 후회했던 일이 지금에서는 잘한 일이라고 평가하는 경우도 있다. 이러한 경우가 바로 나의 '보는 눈'이 달라졌기 때문이다. '보는 눈'이 변했기 때문에 그 일을 다르게 평가한 것이다.

이렇듯, 인생의 주위에서 일어나는 일들에 대해 '어떻게 볼 것인가'는 매우 중요한 요건이 된다. 왜냐하면, 결국에는 '보는 눈'이 인생에 대해서도 평가하기 때문이다. 현재 일어난 일, 주어진 상황, 그리고 주어진 물건 등에 대해서도 이 '보는 눈'이란 녀석으로 평가하게 된다. 결국 인생의 성패가 바로 '어떻게 볼 것인가?'에 달려있게 되므로, 그 실체가 정말 무엇인지 이해하는 것이 필요할 수밖에 없다.

'어떻게 볼 것인가?'를 이해하는데 가장 첫 번째로 중요한 대상은 바로 '자기 자신의 보는 눈'이다. 예를 들어,

자신이 결혼하기 전에는 결혼을 인생에 제일가는 축복이라고 여기다가, 결혼 이후에는 인생의 무덤이라고 생각한다면, 나의 '보는 눈'이 변한 것이다. 결혼이라는 것은 전혀 변함이 없는데도, 나의 '보는 눈'이 변했기 때문에 그렇게 평가하게 된 것이다. 그러므로 자신이 가진 '보는 눈'은 무엇이고, 또한 나의 '보는 눈'이 바뀌었다면 그 이유에 대해서도 생각해봐야 한다. 과연 나는 자신을 포함해서 세상(우주)과 인간을 '어떻게 보고 있는지'에 대해서 생각해봐야 한다.

두 번째는 자기 자신 이외에 다른 사람들이 인정하고 따르는 '보는 눈'에 대한 이해가 필요하다. 이것은 내가 살고 있는 인간환경이라고 할 수 있다. 대학은 반드시 가야하고, 결혼은 반드시 해야 하고, 돈을 많이 벌어야 사람구실 한다는 등의 사회적 인식들이다. 자신을 둘러싼 다른 사람들의 '보는 눈'도 나의 인생을 평가하고 있으며, 그 평가가 내 인생에 막대한 영향을 주고 있기 때문이다.

필자가 대학시절에 접한 레즐리 스티븐슨(Leslie Stevenson)은 『인간의 본질에 관한 일곱 가지 이론(Seven Theories of Human Nature)』에서 인류의 거대한 변화를 주도한 '보는 눈'들을 소개하고 있다. 현재 자신의 인생에 영향을 주는 주요한 '보는 눈'들을 살펴볼 수 있다.

놀랍게도, '어떻게 볼 것인가?'는 나는 누구인지, 세상(우주)은 무엇인지에 대한 궁극적인 것뿐만 아니라, 사소한 일상생활 속에서도 똑같이 일어난다. 사실, 인생은 대학입학, 취업, 결혼, 사업 등과 같은 몇 번의 중요한 결정적 순간들보다, 오히려 일상적인 일들을 더 많이 담고 있다.

이를테면 버스를 기다리는 일, 학교에서 공부하는 일, 병원에서 치료 받는 일, 운동을 하는 일, 밥 먹는 일, 노는 일, 쉬는 일, 사랑하는 일, 싸우는 일, 참는 일 등 나의 주변을 에워싸고 있는 흔한 일들에서도 똑같이 적용된다. 자신의 '보는 눈'이 일상생활에서 부딪히는 사소한 일들도 행복으로 여길지 고통으로 여길지 결정하게 되는 것이다.

'보는 눈'이 이렇듯 인생에 중요한 잣대가 된다면, 막상 어떠한 '보는 눈'을 가져야 할지 난감하다. 유명한 철학사상이나 종교의 '보는 눈'도 서로 다르고, 다른 사람들이 '보는 눈'도 각양각색이다. 과연 어떠한 '보는 눈'을 가져야 하는지 헷갈리기만 하다. 그러나 나의 소중한 인생을 잘 조명할 수 있는 '잘 완성된 보는 눈'을 가져야 하는 것만은 분명하다.

'잘 완성된 보는 눈'을 가지게 되면 인생을 확연히 달라지게 만든다. 그것은 대상의 본질(本質)까지도 알 수 있게 하고, 세상을 변화시킬 수 있는 엄청난 에너지도 제공하게 된다. 또한 '잘 완성된 보는 눈'은 인생에서 크게 성공하는 경우에도 몇 배 이상의 막강함을 느끼게 하고, 크게 실패했을 경우에라도 몇 배 이상의 카타르시스를 가져다준다.

필자가 제시할 '잘 완성된 보는 눈'은 인생에서 세상(우주)과 인간을 재미있게 조명해 줄 것이다. 이는 심오한 철학 사상을 이해해야 하는 것도 아니고, 복잡한 공식을 따르는 것도 아니다. 그것은 자연에 순응하는 것, 그리고 가장 자연스러운 것들에서부터 출발한다. 나를 감싸고 있는 세상의 원리로 돌아가는 것이다. 거기서 그냥 그렇게 생각하고 행동하면 원하는 것을 얻을 수 있다. 그냥 인생의 모든 부분을 즐겁고 쉽게 해 줄 뿐이고 자연스레 그 길로 인도해 준다.

그리고 '잘 완성된 보는 눈'은 소외되었다고 생각되는 자신의 인생을 소중한 것으로 빛나게 해주고, 늘 경쟁에서 졌다고 생각하는 자신의 인생을 환희로 북돋을 것이다. 또한 이것은 자신의 과거를 성찰하게 하고, 현재를 고찰하게 하며, 미래를 예측할 수 있게 할 것이다.

자! 나를 더 막강하게 만드는 '잘 완성된 보는 눈'에 대해 궁금해지지 않는가!

필자가 해군장교 임관10주년 행사에 참석했을 때다. 행사장에 들어갔을 때, 군 복무시절을 같이 보낸 익숙한 얼굴들이 눈에 들어왔다. 낯익은 동료들과 눈이 마주치자마자, 누가 먼저랄 것 없이 서로 부둥켜안고 반가워하며 등을 두드렸다. 어떤 동료는 눈시울이 뜨거워져 소매로 눈을 훔치기도 했다. 묘한 흥분이었다.

행사를 마치고 집에 돌아와 샤워를 하다 보니, 팔과 등에 손자국이 있었다. 반가워서 얼마나 세게 포옹하고 격려했던지 피멍이 생긴 것이다. 만지면 조금 쓰라렸지만 헤어지기 전 동료들의 얼굴을 떠올리니 그래도 피식 피식 웃음이 나왔다.

우리는 통증이나 아픈 것을 어떻게 보고 있을까? 피하고 싶은 것, 괴로운 것, 안 좋은 것, 아니면 육체적일 수도 있고 심리적일 수도 있는 고통 등 여러 가지로 이해한다. 또한, 통증은 대부분 겪고 싶지 않은 것으로도 생각한다. 통증은 아픈 것이고 아픈 것은 싫으니 당연하겠다. 하지만 손자국이 날 정도의 피멍을 보고도 왜 기분 나빠하지 않고 웃을 수 있었을까? 만약 길을 지나다 누군가 나를 이렇게 만들었다 해도 피식피식 웃을 수 있었을까? 아마도 화를 내며 몇 차례 린치를 가했거나 분한 마음에 앓아 누웠을지도 모른다.

사실, 통증이 즐거운 느낌을 줄 수 있다는 것은 모순이다. 즐거움은 또 다른 것이니까. 그런데 친구가 반가움을 표시하면서 때리는 것을 통증으로 여기지 않고 고무된 자극으로 느꼈다. 결국, 통증이나 아픔 같은 불행한 일을 행복한 자극이라고 여긴 것이다. 이는 바로 필자가 통증에 대해서 스스로 '보는 눈'을 달리했기 때문이다.

이러한 모순적인 상황들은 당신을 포함한 누구에게나 제법 빈번하게 일어난다. 어떤 사람은 이러한 통증을 즐거운 추억으로 간직하기도 하고, 또 어떤 사람은 복수를 위한 다짐으로 삼을 것이다. 단지 '보는 눈'이 다르다는 사실 때문에 결국 위의 두 사람은 전혀 다른 길을 가게 된다. 그렇다면, 통증이라는 것의 본질은 무엇이기에 이렇듯 다르게 생각되는 걸까?

자! 이제 나를 둘러싼 세상(우주)과 인생을 평가하는 '보는 눈'에 대해 의심해 볼 수 있는 기회가 왔다.

통증과 통증이 아닌 것은 같은 것이다. 사실, 이 둘은 한 몸이다. 어디서부터 통증이고 어디서부터 통증이 아닌지 그 경계선은 정확하지 않다. 그러나 누구에게는 통증으로, 누구에게는 즐거움으로 느껴진다. 대단히 즐거

운지 조금 즐거운지, 대단히 아픈지 안 아픈지 그 정도의
차이만 있을 뿐, 이 둘은 본래 같은 것이다. 그러나 우리
는 이 둘을 서로 반대되는 것으로 본다. 우리의 '보는 눈'
이 이것들을 나누어 놓은 것이다. 하나로 이루어져있지
만 아픈 것과 아프지 않은 것 두 개로 분리시켜 서로 다
른 것으로 여긴다.

　우리 인생의 주위에서 이렇듯 반대되는 개념들은 사
실상 모두가 '하나'로 되어있다. 그렇지만 우리의 '보는
눈'이 서로 완전히 다른 것으로 간주하고 있을 뿐이다.

　통증이란 것이 있기 때문에 안락하고 편안한 것도 존
재할 수 있다. 통증이란 느낌을 모르는 사람은 안락함을
알 수 없다. 예를 들어, 평상시 우리의 몸은 안락한 상태
가 아니라고 느끼지만, 만약 치통을 앓다가 다 낫게 되었
을 때 비로소 평상시가 얼마나 안락한 상태인지 깨닫는
것과 같다. 반대로, 안마나 마사지를 받게 되면 그 안락
함 때문에 통증이 없는 평상시에도 마치 불편하거나 만

족스럽지 못한 상태라고 느끼게 된다.

만약 지금 안락함을 느끼고 있다면, 예전에 겪었던 통증이 있었기에 가능하다. 그래서 통증을 느껴본 사람만이 안락함에 감사하게 되는 것이다. 또한, 통증의 느낌이 없었다면 안락함을 만끽하게 해 줄 수 없으므로 통증에도 감사하게 된다. 통증은 불행이고 싫은 것이니 내팽개쳐야 할 것이 아니라, 통증으로 인해 비로소 안락함을 느끼게 되었으니 통증도 꼭 필요하고 고마워해야 할 대상이기도 하다. 그래서 이 둘은 모두 소중하다. 통증과 안락함 모두 소중한 것이다. 우리의 '보는 눈'이 분리해 놓은 것처럼, 둘 중 하나만 소중하며 행복한 것이고 나머지 하나는 가치 없고 불행한 것이 아니다. 둘 다 한 몸으로 되어 있으므로 모두 소중한 것이다.

놀랍게도 이러한 '보는 눈'은 인류에게 또 당신에게 크나큰 행복감을 선사해 준다.

"진흙을 이겨서 그릇을 만드는데 그릇은 그 비어있음

(無)으로 해서 방(房) 즉, 공간으로서의 쓰임이 생긴다. 따라서 有(있는 것)가 이로운 것은 無(없는 것)가 用(사용)되기 때문이다."

노장사상의 이 대표적 문구도 상대적인 관계에 대한 '보는 눈'을 잘 표현하고 있다. '있다'와 '없다'의 개념은 둘이 같이 있을 때 비로소 존재할 수 있는 것이다. 하나가 없으면 나머지 하나가 존재할 수 없다. 더구나 '有'와 '無'는 완전히 반대의 것이라고 볼 수 있지만, 본질적으로 둘을 분리할 수 없는 한 몸으로 보고 있다. '無'가 없으면 '有'는 있을 수 없다. 그릇의 담을 수 있는 공간을 메우게 되면, 결국 그릇으로 사용할 수 없기 때문이다. 지극히 자연스러운 이치이며 평범한 자연의 순리 그 자체이다.

이러한 '보는 눈'은 지금 우리를 둘러싼 세상(우주)에서도 부합한다. 밝음과 어두움, 빠름과 느림, 큰 것과 작은 것, 소리와 침묵, 뜨거운 것과 차가운 것, 생성과 소멸, 동적인 것과 정적인 것 등, 사실 이 모두가 한 몸인 것이다. 둘 사이에 그 경계는 어렴풋이 희미하지만, 둘 다 '존재한다'는 것은 분명하다. 차가운 색깔도 따뜻한 색깔도 아닌 보라색처럼 말이다.

어둠이 없으면 빛이 그 밝기를 낼 수 없고, 정적이 있어야만 소리를 들을 수 있고, 또한 못생긴 것이 있어야 비로소 아름다운 것이 있을 수 있으며, 죽음이 있어야 삶이 가능하다. 독일의 철학자 헤겔(Hegel)도 〈변증법〉에서 "극과 극은 통한다"라고 했다. 드라이아이스는 영하 78도의 매우 차가운 물질임에도, 만지게 되면 그 상처가 심각한 화상을 입는 것과 흡사하다. 이것은 가장 자연스러운 것이다. 이것이 우주와 자연의 순리이고 본질이다.

이 세상(우주)의 순리는 우리의 인생에서도 똑같고, 또 인생에서 추구하는 것에도 똑같다. 행복은 불행과 같고, 사랑은 증오와 같고, 아름다움은 추함과 같고, 성공은 실패와 같고, 기쁨도 슬픔과 같다. 이별은 만남과 같고, 고통은 즐거움과 같고, 1등과 꼴찌도 같으며, 날씬한 것과 뚱뚱한 것도 같다. 이 둘은 모두 한 몸이다. 하나로 되어 있다. 둘은 같이 있을 때 비로소 의미를 갖게 된다.

하나가 없으면 나머지 하나도 의미를 잃는다. 지금 지루함을 느끼는 사람은 흥분과 열광의 감정을 겪어봤기에 따분한 것이고, 이별한 사람은 사랑하는 이와 애틋한 만남의 시간들이 있었기에 슬픔과 외로움을 느끼는 것이다. 지금 병실에서 병마에 고통을 느끼는 사람은 과거의 행복과 평안함이 있었기에 가능하고, 지금 성공의 기쁨에 환호하는 사람은 실패의 슬픔이 있었기에 가능하다. 평범한 사람들은 걷는다는 것을 기쁨으로 여기지 않지만, 다리를 잃은 사람에게는 모든 것을 주고라도 얻고 싶은 최고의 기쁨이다.

그럼에도, 우리의 '보는 눈'은 이것들을 분리하였다. 정말 자기 자신의 '보는 눈'으로 분리했는지 아니면 누군가 그렇게 보라고 강요했는지 모르지만, 우리는 이것들을 서로 다른 것, 별개의 것으로 여긴다. 게다가 우리는 이것들을 '좋은 것'과 '나쁜 것'으로도 분리했다. 서로 다른 것으로 분리하고, 또 그것을 좋음과 나쁨의 기준으로도 나누어 놓았다.

철학자 칸트(Immanuel Kant)도 "선(善)과 악(惡)의 경계는 명확하게 구분하기 어렵지만, 선과 악 그 자체는 있다"라고 했다. 이렇게 선과 악을 구분하는 것도 개인과 문화에 따라 상대적으로 달라질 수 있다. 이를테면, 상대방에게 따귀를 때리거나 침을 뱉는 것이 인사법인 오지 부족들의 경우, 이것을 선한 행동으로 볼 것인지, 아니면 악한 행동으로 볼 것인지 명확하지 않다. 그러나 구분하기는 힘들어도 우리는 선한 행동은 존재하며 또 선한 행동을 해야 한다고 생각한다.

인생에서도 행복, 정의, 성공, 아름다움, 사랑 등의 가치판단(價値判斷)의 영역에서는 그 기준은 명확하지 않다. 우리가 살고 있는 세상에서도 그 경계가 명확하지 않지만 누구나 항상 더 좋은 것을 추구하고 얻으려고 한다.

지금 이 시각에도 사람들은 그렇게 생각하고 행동하고 있다. 좋은 것은 나쁜 것보다 낫고, 예쁜 것은 못생긴 것보다 낫고, 못된 것보다 착한 것이 낫고, 꼴찌보다 1등이 낫고, 실패하는 것보다 성공하는 것이 낫고, 고통보다 즐거움이 더 좋다고 생각한다. 그래서 "그것을 얻자!", "그것을 얻고 싶어!"라고 우리는 늘 갈망한다. 그렇지만 사실 이것들은 하나이기 때문에, 이런 방식으로 분리해서 평가하게 되면 반대로 자신을 나쁜 쪽의 상황으로 몰고 갈 수도 있다.

이를테면, "난 선행상을 탔지만, 근본적으로 나쁜 점이 많아", "난 슈퍼모델 선발대회에서 1등을 못했으니 못생긴 게 틀림없어", "거렁뱅이를 외면했으니 난 착한 사람이 아냐", "난 10등이니까 1등보다 머리가 나빠", "난 지금 돈이 얼마 없으니까 앞으로도 돈을 많이 못 벌거야", "난 지금 병을 앓고 있으니 이제 즐겁게 살 수 없어”…… 등의 자기 평가는 스스로에게 매우 이롭지 못한 평가방식인 것이다.

자신은 이미 상당한 수준에 도달했음에도 불구하고 "아직도 못 얻었어!" 혹은 "난 안되나 봐!" 하고 좌절하며 패배감으로 일생을 보내게 된다. 자신이 아무리 높은 곳에 있어도 달성하지 못했다고 보는 시각은 결국 사회적 지위나 부(富)의 정도에 상관없이 늘 자신을 나쁜 상태에 빠뜨리게 된다.

이런 식의 '보는 눈'은 스스로 인생을 항상 괴롭게 만든다. 이렇게 되면, 자신의 현재는 항상 자신이 원하는 최고의 상태보다 언제나 낮을 수밖에 없으며, 자신이 원하는 인생의 최고 상태는 현실에서는 영원히 불가능한 것이 되어 버린다. 왜냐하면 자신이 원하는 수준은 현실에서 불가능한 상상 속의 영역에 있게 되기 때문이다.

다시 말해 자신이 원하는 최고수준은 마치 '무한대∞ +2' 가 되는 것이므로, 어떠한 숫자를 대입하더라도 결과는 2만큼 높아질 수밖에 없다. 자기인생이 아무리 좋은 상태에 있더라도 자신이 만든 기대수준이 더 높기 때문에 결국 상대적으로 항상 나쁜 상태가 된다.

실제로, 세계 최고의 미인이 되는 것이나 세계 최대의 성공, 전 세계 1등, 세계 최고의 억만장자, 세계 최고의 현자(賢者)가 된다 해도, 자신이 원하는 수준이 계속 2만큼 높으니 당연히 항상 다다르지 못한 상태일 수밖에 없다. 더구나 그저 평범한 사람이 세계최고가 되려 한다면, 도대체 어디서부터 어떻게 그리고 얼마나 노력해야 되는지 까마득할 뿐이다. 시도할 엄두도 내지 못하게 된다. 시도하더라도 계속하지 못한다. 그 누구라도 이러한 구조 속에서는 스스로 위축되고 자신감을 잃으며, 걱정하고 힘들어 할 수밖에 없다.

최저의 상태는 그와 반대의 양상을 보인다. 자기인생의 최악의 상황은 실제로 절대적인 최악의 상황보다 좋은 상태인 것이다. '무한대∞ -2' 라고 할 수 있다. 그 어떠한 숫자를 대입하더라도 결과는 항상 -2만큼 낮아지기 때문에, 항상 자신의 불행보다 -2만큼의 절대최악이 있게 된다. 그러므로 자신이 느끼는 가장 힘들고 고통스러운 상태는 실제 절대적인 최악의 상황이 아니다. 상대적으로 최악보다 언제나 좋은 상황인 것이다. 그렇지만 자신의 상태가 절대적 최악의 상태가 아님에도 불구하고, 자신이 세상에서 가장 밑바닥의 상태라고 자학한다. 가장 형편없는 인생이라고 치부하고 포기해버린다.

이는 진실로 자신의 현재 상태가 소중한 것인지 모르고 있는 것이다. 인생을 살면서 자신보다 못한 사람들을 보고 위안하는 것은 바로 이런 때문이다. 최악이라고 생각하는 나의 현재 상태를 어느 누군가는 그들의 인생목표로 삼고 있음을 알아야 한다.

자신의 현재 상황이 최악의 상태라고 생각하는가? 그렇다면 그것은 사실이 아니다. 그것은 단지 당신의 '보는 눈' 때문이다.

필자는 우리가 추구하는 것들은 모두 '하나' 또는 '한 몸'이라고 했다. 최고와 최저도 하나다. 좋은 것과 나쁜 것도 하나다. 이 둘은 홀로 있을 수 없다. 하나가 없으면 나머지 하나는 의미를 잃는다. 내가 행복을 추구하든, 성공을 추구하든, 1등을 추구하든, 건강을 추구하든 모두 그 하나 속에 있다. 그러므로 나 자신은 이미 내가 원하는 상태에 있다. 행복과 불행, 성공과 실패, 1등과 꼴찌, 건강과 질병은 각각 한 몸이기 때문이다.

내가 불행하다고 느끼고 있다면 이미 행복 안에 있는 것이다. 당신이 착한 사람이 되고 싶거나, 아름다운 사람이 되고 싶다면 당신은 이미 착한 사람이거나 아름다운 사람인 것이다. 그 정도와 경계가 다를 뿐이므로 내가 원하는 것을 이미 만지고 있고, 보고 있고, 느끼고 있다.

또한, 상반되는 이 둘은 모두 소중하다고 했다. 좋은 것, 나쁜 것이기 이전에 '소중한 것'이라고 했다. 빛은 어둠 때문에, 소리는 정적 때문에, 행복은 불행 때문에, 즐거움은 고통 때문에 있을 수 있다고 했다. 지금 나의 불행은 앞으로 참행복을 느끼게 해 줄 것이고, 지금 내가 겪고 있는 고통은 기쁨의 눈물이 얼마나 소중한가를 진정으로 알게 해줄 것이다. 지금 앓고 있는 열병의 통증은 건강함의 희열이 얼마나 소중한지 느끼게 해 줄 것이고, 지금 실패의 좌절이 내일 성공의 환희의 참맛을 느끼게 해 줄 것이다.

"난 2년째 꼴찌야!", "난 이번에도 대리 승진에 실패했어!", "난 명문대 출신이 아니잖아!", "난 청각장애자가 돼버렸어!"…… 부디 이렇게 체념하지 말라. 이 상태를 소중하게 생각하라. 이 말들이 없다면 자신이 원하는 것도 없다. 이 말을 함부로 버리면 안 된다. 정도에 차이가 있고 경계가 명확하지 않을 뿐, 이미 당신이 원하는 것 안에 있는 것이니까. 이 말들은 더 좋은 상태로 향하고 싶은 의지다. 더 발전하기를 간절히 원하는 열망의 다른 모습이다.

반대로, 상대적으로 더 나은 수준이라도 마찬가지다. 우수한 성적임에도 항상 2등에 그친 학생도, 사장 승진에 실패한 존경받는 상무도, 취업에 실패한 박사도, 합창단 오디션에 떨어진 음대 수석졸업생도 역시 똑같은 말을 하며 낙담한다. 낮은 수준이든 높은 수준이든 그 정도의 차이가 있어도 낙담하는 말은 똑같다.

최고와 최저, 이 두 부류의 사람들이 낙담하는 말을 배부른 소리라고 비웃거나, 수준 낮고 하찮은 넋두리라고 치부할 수 있겠는가? 그 경계가 명확하지 않고 정도의 차이가 있을 뿐이다. 자신이 어느 수준에 있든지 바로 이 낙담한 현재 상태가 자신이 원하는 것을 진정으로 느끼게 하고 깨우쳐 줄 것이다.

나의 현재는 내가 추구하는 미래와 같은 것이다. 한 몸인 것이다. 만약 내가 미래에 정말로 원하는 꿈을 성취하게 되었을 때도, 지금 내가 느끼는 것과 똑같을 것이다. 믿겨지지 않겠지만, 이것이 우리가 사는 세상(우주)의 본질이고 인생의 본질이다.

　지금 나의 현재 상황을 둘러보라. 이미 내가 원하는 것에 들어와 있다는 놀라움에 주목하라! 지금 이 시각부터, 현재 자신의 인생을 어떠한 '보는 눈'으로 조명할 것인가는 당신에게 달려있다.

우리가 추구하는 것들은 모두 '하나' 또는 '한 몸'이
라고 했다. 최고와 최저도 하나다. 좋은 것과 나쁜 것도 하
나다. 이 둘은 홀로 있을 수 없다. 하나가 없으면 나머지
하나는 의미를 잃는다. 내가 행복을 추구하든, 성공을 추구
하든, 1등을 추구하든, 건강을 추구하든 모두 그 하나 속에
있다. 그러므로 나 자신은 이미 내가 원하는 상태에 있다.

내가 불행하다고 느끼고 있다면 이미 행복 안에 있는
것이다. 당신이 착한 사람이 되고 싶거나, 아름다운 사람이
되고 싶다면 당신은 이미 착한 사람이거나 아름다운 사람
인 것이다. 그 정도와 경계가 다를 뿐이므로 내가 원하는
것을 이미 만지고 있고, 보고 있고, 느끼고 있다.

우리는 현재보다 더 나은 상태에 도달하고 싶어 한다. 더 행복하게 되는 것, 더 안락해지는 것, 더 성공하는 것, 더 많은 것을 갖는 것, 더 잘 먹는 것 혹은 더 유명해지는 것이 될 수 있겠다. 누구나 그렇듯이 당신도 그것을 추구하면서 살고 있다. 내가 어떤 분야의 정상급 수준에 있든, 처음 시작하는 새내기든, 지금 현재보다 더 나아 지는 것을 원하고 있다.

그래서 인생의 목표를 세운다는 것은 현재 자신이 원하는 것에 '더'라는 수식어를 붙이는 것과 같다('덜 원한다'

의 경우 그 반대개념으로 '더 원한다'로 해석한다. 예를 들어 '난 덜 먹고 싶다'는 '난 더 안 먹고 싶다'로 변경한다).

2등인데도 1등이 되고 싶어 하고, 40등도 30등이 되고 싶어 한다. 올림픽 1관왕인데도 2관왕이 되고 싶어 하고, 올림픽 본선 탈락자는 금메달은 고사하고 올림픽 출전권만이라도 얻고 싶어 한다. 마찬가지로 10억의 재산가도 100억을 벌기를 원하며, 10억의 빚을 진 사람은 빚을 더 늘어나지 않는 것만으로도 만족한다고 얘기한다. 이것은 모두 하나라고 했다. 그 정도의 차이만 있을 뿐, 자신이 추구하는 것에 이미 들어와 있다고 했다.

여기서 우리는 중요한 공통점을 보게 된다. 그것은 누구나 자신의 현재 상태에서 '원하는 상태'로 바뀌기를 바란다는 것이다. 되고 싶은 정도와 안 되고 싶은 경계가 명확하지 않고 그 정도의 차이가 있을 뿐이지만, 나의 현재 상태에서 '더 나은 상태로 변화(change) 되기'를 바란

다는 것이다. 내가 어느 지점에 있든 바뀌고 싶은 것이
다. 그래서 그렇게 변화하기를 원하고, 변화하기 위해 행
동한다.

당신도 인생에서 진정 변화하기를 원하는 것이 있다
면, 이제 변하는 것만 남았다. 바뀌면 되는 것이다. 더 나
아질 수 있다. 그 변화가 평생 동안 일어날지 안 일어날
지는 '나의 변화하는 성능'에 달려있다. 그 변화가 빠르
게 일어날지 느리게 일어날지의 여부도 '나의 변화하는
성능'에 달려있다. 그렇다면 과연 당신의 '변화하는 성능'
은 어느 정도일까?

어떤 사람은 가만있어도 저절로 더 나은 상태로 변화
할 수 있기를 갈망한다. 누구에게든 꿈이 저절로 이루어
지는 일을 기대한다. 정말 편안하게 나의 일상생활을 하
는 것만으로도 더 나은 상태로 변할 수 있다면 얼마나 좋
을까? 복잡하고 힘든 과정 없이, 재미있게 놀고 즐기면
서도 더 나아질 수 있다면 얼마나 좋을까?

혹시 당신의 '보는 눈'이 그렇게 되어 있는지는 모르지만, 안타깝게도 세상(우주)은 그렇게 되어 있지 않다. 아쉽게도 그렇게 운용되고 있지 않다.

세상은 나에게 전혀 다른 유형의 주문을 한다. 지금껏 인생에서 경험했듯이, 무엇인가를 얻으려면 하기 싫어도 해야만 하는 일들이 틀림없이 주어진다. 학창시절에도 대체로 무엇인가 해야만 한다는 애기들을 듣고 지냈다. 인생에서는 심지어 아무도 못해낸 일을 시도해야 할 경우도 주어진다.

또한, 이러한 탐탁지 않은 일을 계속해서 해야 한다고 타인으로부터 요청 받기도 한다. 강요당하기도 한다. 그래서 한숨이 나온다. 지긋지긋해 한다. 회피하기 위해서 거기에다가 관계없는 다른 것들을 채우기 일쑤다.

누군가가 정말 '지긋지긋한 일'이라고 생각하는 것은 사실 대부분이 그렇듯 '변화하기 위한 일'이다. 하기 싫은 일이라서가 아니라 변화하는 일이라서이다. 하기 싫은 일이 있는 것이 아니라, 변화하는 일을 싫어하는 것이다. 취향이나 적성 때문이 아니라, 모든 변화하는 일을 싫어한 것이다. 당신의 인생에서 지긋지긋했던 일들을 떠올려 보라! 그것이 변화되기 위한 일들이었는지.

본질적으로, 변화하는 데는 에너지가 필요하다. 힘이 필요하다. 세상(우주)이 변하는 데에는 에너지와 힘이 필요하다. 인간이 변하는 데에도 힘과 에너지가 투여되어야만 가능할 수 있다. 힘을 가하는 일은 대게 귀찮고 하기 싫은 일이라 느끼지만, 좋은 쪽이든 나쁜 쪽이든 변화하려면 에너지가 필요하다. 더 나은 상태로 변화되는 것과 그 반대의 상태로 변화되는 것, 두 가지 모두 에너지 없이는 불가능하다. 그 둘은 하나이고 한 몸이니까.

음식은 가만히 놔두면 저절로 썩는다고 생각하지만, 사실은 박테리아가 유기물을 분해하는 의도적인 활동의 결과이다. 당신의 신체도 마찬가지다. 가만히 있어도 성장하는 듯 보이지만, 사실은 끊임없는 영양공급으로 단백질합성과 세포분열을 통해 생장(生長)하고 있는 것이다. 에너지와 힘을 가해서 변화시키는 것이다.

식물이 자라는 것도 반대로 시드는 것도, 강물이 흐르는 것도 반대로 강물을 다시 끌어 올리는 것도, 지구가 회전하는 것도 반대로 멈추게 하는 것도, 심지어 태양이 엄청난 열을 발산하는 것도 반대로 태양을 차갑게 만드는 것도, 모두 다 힘을 가해야만 하는 것이다.

서로의 방향이 반대일 뿐, 양쪽 방향 모두 변화하는 데는 에너지를 필요로 하는 것이다. 에너지 크기의 차이가 있을 뿐, 의도적으로 힘을 가해야만이 가능하다. 어느 쪽으로든 변화되려면 에너지와 힘이 필요하다.

그럼에도 우리의 '보는 눈'은 이것을 그저 저절로 되는 것으로 간주하고 있다. 그러나 세상(우주)의 모든 변화하는 것은 에너지와 힘을 가해서 의도적으로 진행된다.

인생에 있어서도 그렇다. 변화하는 것에는 역시 에너

지가 필요하다. 내가 추구하는 것에서 더 나은 상태로 변화하든, 그 반대의 상태로 변화하든 의도적인 힘이 있어야만 가능하다. 둘은 하나니까. 2등이 1등이 되고 싶든, 40등이 30등이 되고 싶든, 올림픽 1관왕이 2관왕이 되고 싶든, 본선 탈락자가 올림픽 출전권을 따고 싶든, 10억의 재산가가 100억을 벌기 원하든, 변화되기 위해서는 모두 다 에너지를 필요로 한다.

더 나쁜 상태로 변화되는 것도 마찬가지다. 1등에서 꼴찌가 되든, 직장에서 해고되든, 결혼 후 이혼을 하든, 사업성공 이후 실패해서 빚을 지게 되든, 이것도 역시 에너지가 투여된 것이다. 가만히 있었기 때문에 악화된 것이 아니다. 이것 역시 힘을 사용한 것이다. 에너지를 쏟지 않아서가 아니라, 그 반대방향으로 변화하는 것에 에너지를 사용한 것이다.

게으름을 피우는 데 에너지를 썼고, 직장에서도 열심히 일하는 것보다 다른 관심사에 에너지를 쏟았고, 결혼

생활에서 무관심과 불평에 더 자주 에너지를 썼고, 사업 성공 이후 환락과 독선에 에너지를 투입한 것이다.

만약 자신의 인생이 더 나은 쪽으로 변화되고 있지 않다면, 사실 그 반대 방향으로 에너지를 쏟고 있는 것이다. 아니면 더 나은 방향으로 변화되지 못하도록 고정시키는 데에 에너지를 사용한 것이다. 다만 나의 '보는 눈' 때문에 그 행동을 눈치 채지 못했을 뿐이다.

지금 당신은 더 나은 방향으로 에너지를 쏟고 있는가? 반대방향이나 혹은 변화되지 않게끔 고정시켜 놓는데 에너지를 투입하고 있는가? 그리고 자신의 인생에서 진정 원하는 방향으로 얼마만큼, 그리고 얼마나 자주 에너지를 투입하고 있는가? 이것은 당신의 인생이 더 나은 방향으로 바뀔 수 있는 첫 번째 성능이다.

매일 술 마시고 방탕한 생활을 즐기는 사람이 독서광이 되고 싶어 한다. 그리고 반대로, 매일 도서관에서 책을 탐닉하는 사람이 매일 술 마시고 방탕한 생활을 즐기기를 원한다. 이 두 사람이 변화하는 데도 역시 에너지를 필요로 한다. 변화하는 방향이 다를 뿐, 똑같이 에너지가 필요하다고 했다.

그런데 우리는 더 나은 방향으로 변하는 것이 그 반대 방향으로 변화하는 것보다 훨씬 힘들다고 생각한다. 허나, 사실은 두 사람 모두 변화하는 데 쓰는 에너지의 양은 같다. 같은 크기의 힘이 쓰인다. 그래도 방탕한 사람이 독서광이 되는 것이 훨씬 어렵고 힘들 것이라 짐작한다. "도서관에서 독서하는 것보다야 당연히 그냥 술 마시고 노는 게 쉽지! 안 그래?"라고 말한다. 과연 그러할까?

매일 술 마시고 노는 사람은 그것에 에너지를 쏟는 데 익숙해져서 수월하게 느낄 뿐, 실은 매일 많은 에너지를 쏟아 붓고 있는 것이다. 그 방탕한 생활을 유지하기 위해 시간과 돈 그리고 반복할 수 있는 집중력까지, 실로 많은 것을 쏟았기에 가능한 것이다. 자신이 눈치 채지 못했을 뿐, 실제로 끊임없이 엄청난 힘을 투입한 결과다.

매일 독서를 즐기는 사람도 마찬가지로 의도적인 에너지를 계속 투입한 결과다. 매일 독서하는 것에 시간을 투입하고, 어려운 글들을 집중해서 이해하려는 에너지를 투입해 왔던 것이다. 매일 독서를 할 수 있는 것도 그것에 익숙해졌기 때문이다. 그래서 이 사람도 매일 책만 읽는 것을 수월한 것으로 느끼게 된다.

만약 이 독서광이 매일 술 마시고 노는 사람으로 변화하려고 한다면 어떻게 될까? 생각과는 달리, 이렇게 좋지 않은 방향으로 변화하는 경우도 그 일은 역시 힘들게 느껴진다. 방탕한 생활을 하는 사람이 독서광으로 변화하기가 힘든 만큼, 이 독서광도 방탕한 사람이 되는 것을 똑같이 힘들게 느끼게 된다. 매일같이 돈과 시간을 투입해서, 술을 마시고 방탕한 행동을 계속 지속해야 하기 때문이다.

당신의 인생이 더 나아지지 않는다면, 그것은 당신의

에너지를 쏟는 성능이 남들보다 특별하지 않거나 작아서
가 아니다. 당신은 자신보다 우수한 사람들과 똑같은 에
너지와 힘을 가지고 있는 것이다. 다만, 부지불식(不知不
識)간에 자신이 원하지 않는 방향으로 투입하고 있었을
뿐이다. 지금 가지고 있는 에너지를 그냥 더 나은 방향으
로 변화하는데 투입하면 된다. 보라! 이제 당신이 최고로
선망하는 사람과 당신의 성능은 별로 다르지 않다.

더 나은 방향으로 변하는 것은 이제 더 이상 어렵고
힘든 일이 아니다. 현재 만족스럽지 않은 나의 행동과 생
각에 투입되는 에너지를 반대방향으로 돌리면 된다. 나
도 모르게 투입하고 있던 에너지를 원하는 방향에 쏟으
면 된다. 특별히 더 큰 에너지가 필요한 것이 아니다. 그
냥 지금 투입되는 에너지와 힘을 반대쪽으로 바꾸기만
하면 된다.

이제부터 그것에 익숙해지기를 시도하는 것이다. 어
렸을 적 복잡하고 까다롭던 젓가락질이 지금은 익숙해진

것처럼 말이다. 지금까지 눈치 채지 못하고 그냥 소비했던 에너지를 내가 원하는 방향으로 의도적으로 바꾸어야 한다. 이것은 인생이 더 나아지기 위해 갖추어야 할 나의 두 번째 성능이다.

이 두 번째 성능이 없으면, 아무리 큰 에너지를 가지고 있어도 더 나은 인생에 도달하기 어렵게 된다. 우리는 이 성능을 일반적으로 '노력(努力, efforts)'이라고 얘기한다. 이 용어는 인생이 저절로 변화되기를 바랐는지, 아니면 자신이 의도적으로 인생을 변화시키려 했느냐의 차이를 잘 구별하게 한다.

그러나 한편으로는 어쩌면 항상 다른 사람으로부터, 혹은 자기 자신으로부터 듣는 부담스러운 용어이기도 했다. 편안한 것이나 아무것도 하지 않는 것보다, 노력이란 것을 꺼려하고 두려워했다. 이런 이유로, '성공하기'에 몰두하는 현대사회에서는 노력이란 것에 대한 다양한 방법과 사례들을 제시하지도 모른다.

노력이란 것 역시 변화하는 것이었기에 힘들고 어려운 것으로 생각했다. 이것을 큰일에만 사용해야 될 것 같았고, 대단한 것에만 해당되는 것이라 생각했기 때문이다. 그러나 변화하는 방향을 바꾸는 것은 실로 아주 작은 것에 해당된다. 원래 이것은 자신의 인생에서 가장 사소한 것에서 시작하는 것이다. 작은 것에서 시작해야 한다. 큰 것과 작은 것, 사소한 것과 위대한 것은 하나이다. 한 몸이기 때문이다.

작은 것이 익숙해지면 큰 것에도 그렇다. 내 인생의 사소한 일에서 변화하는 방향을 바꾸는 것으로 가능하다. 대단한 것이거나 거창한 것만이 더 나은 방향으로 변화하게 하는 것이 아니다. 당신도 지금 충분히 할 수 있는 일상생활의 것들이다. 믿기지 않겠지만, 당신이 진정으로 선망하는 사람도 지금 이 시각에 그렇게 하고 있다.

그렇다면, 인생이 변화하는 속도는 어떨까? 당연히 에너지를 많이 쓰는 사람이 더 빨리 변하고, 에너지를 더 빈번하게 계속적으로 쏟는 사람이 더 빨리 변화한다. 그럴수록 자신의 인생에서 추구하는 것에 더 빨리 다다르게 된다.

만약, 어떤 분야에서 자신보다 항상 앞서나가는 사람이 있다면, 바로 이런 이유에서다. 그 사람은 생각하는 것에서도 나보다 더 많은 시간을 할애하고, 나보다 더 많은 에너지를 투입하며, 변화하기 위한 행동의 횟수도 나보다 더 많다고 보면 된다.

또 어떤 경우에는, 자신보다 에너지를 적게 쏟는 것 같은 데도 항상 앞서가는 사람을 볼 수 있다. 그런 사람을 볼 때, "저 사람은 항상 탁월해. 정말 타고났어! 누구도 당할 수 없을 거야"라고 하면서 자신의 신세에 체념한다. 그러나 전혀 실망할 필요가 없다. 그것은 그 사람의 원래 성능이 좋아서 그런 것이 아니다. 타고났기 때문에 항상 앞서 가는 것도 아니다. 그것은 변화하는 힘의 관성(慣性, Inertia) 때문이다.

관성의 법칙은 뉴턴이나 갈릴레이가 주장한 것처럼 이미 잘 알려진 역학법칙이다. 즉, 물체는 현재의 상태를 계속 유지하려는 성질을 가진다는 것이다. 정지한 상태나 움직이는 상태를 계속 유지하려는 성질을 말한다. 이 법칙은 물체의 움직이는 방향을 바꾸려고 하거나 계속 움직이게 하는 데도 힘과 에너지가 필요하다고 증명했다.

인생을 변화시키는 에너지와 힘에도 이렇듯 관성이 있다. 항상 앞서가는 사람은 변화하는 속도가 이미 높은 상태에 있는 것이다. 이미 변하는 일정한 속도를 보유한 상태다. 반면에 인생에서 변화하기를 처음 시작하려는 단계에는 속도가 느릴뿐더러, 많은 에너지를 필요로 한다. 마치 자동차의 변속기어의 원리처럼 말이다. 자동차의 1단 기어는 힘이 가장 강하지만 속도는 가장 느리고, 기어비가 높아질수록 속도는 높지만 힘은 약하다. 자동차가 정지 상태에서 처음 움직일 때 가장 큰 힘이 필요하기 때문이다.

처음 시작하는 일들은 그래서 매우 힘들게 느껴진다. 낯설고 어렵게 보인다. 하지만 조금씩 일정한 속도를 내기 시작하면 그 다음은 훨씬 수월해진다. 이미 일정속도가 붙은 자동차를 가속시킬 때처럼, 나중에는 적은 힘으로도 인생이 변화하는 속도를 높일 수 있는 것이다.

일단, 인생이 변화하는 시작단계를 지나도 계속 에너지와 힘을 가해야만 한다. 그렇지 않으면 다시 멈추게 된다. 변화하지 않은 단계로 다시 돌아가게 된다. 변화하는데 가장 힘을 투여해야 할 지점은 바로 처음 시작단계이다. 한 분야의 최고의 수준에 있는 사람과 그렇지 않은 사람의 차이는 바로 이 지점을 지났느냐에 있다.

싫증, 포기, 회피, 낙담 등을 말하는 사람들은 이 지점과 시작지점에서 맴돌고 있는 것이다. 이 분야에서 저 분야로 계속 바꾸어보며 시도해보지만, 알고 보면 이러한 악순환을 계속 반복하고 있는 것이다. "난 뭘 해도 안 돼!"라고 얘기하는 사람들은 바로 이런 상태에 있다.

여기 바로 이 시작단계의 지점만 지나면, 당신도 남들로부터 앞서가는 사람으로 불리게 된다. 적어도 이 지점을 지나서 당신의 인생에서 새롭게 펼쳐질 세계를 느껴봐야 한다. 한 번도 이 지점을 지나보지 않았다면 더욱 그렇다.

이렇듯, 당신이 마지막으로 갖추어야 할 성능은 어느 분야든지 이 지점을 유연하게 지날 수 있는 능력이다. 이 단계를 지나게 되면, 당신의 인생을 더 나은 방향으로 한껏 변화시키게 된다. 지금 당신의 입가에 살짝 미소가 돌고 있다면, 당신은 이미 변화하기 위한 에너지를 쏟기 시작한 것이다.

당신의 인생이 더 나아지지 않는다면, 그것은 당신의 에너지를 쏟는 성능이 남들보다 특별하지 않거나 작아서가 아니다. 당신은 자신보다 우수한 사람들과 똑같은 에너지와 힘을 가지고 있는 것이다. 지금 가지고 있는 에너지를 그냥 더 나은 방향으로 변화하는 데 투입하면 된다. 보라! 이제 당신이 최고로 선망하는 사람과 당신의 성능은 별로 다르지 않다.

인생이 변화하는 방향을 바꾸는 것은 실로 아주 작은 것에 해당된다. 원래 이것은 자신의 인생에서 가장 사소한 것에서 시작하는 것이다. 큰 것과 작은 것, 사소한 것과 위대한 것은 하나이다. 한 몸이기 때문이다.

'받아들이기'
그리고 '비워놓기'

모 기업의 신입사원 교육에 리더십강의를 나갔을 때다. 규모가 큰 제약회사였고, 당시에는 IMF시기로서 취업난이 매우 심각했었던 터라, 교육장에 나와 있는 신입사원들은 엄청난 경쟁률을 통과한 이들이었다.

그 때는 다소 이채로운 시뮬레이션교육 프로그램을 진행했었는데, 강사를 그 기업의 실제 간부인 것으로 속이고 교육장을 마치 업무현장인 것처럼 설정하여 만든다. 강사는 교육생인 신입사원들에게 권위적이고 고압적인 태도로 직무를 부과하고 업무성과를 측정한다. 신입사원들에게 설정상황인지 전혀 알려주지 않은 상태에서, 강사는 분위기를 점점 경직시키면서 업무성과도 안 좋게 나오게끔 조장한다. 그리고 그 저조한 성과가 마치 그들이 열심히 하지 않아서인 것처럼 결론내리고 몇몇의 특정 신입사원들을 질책하며 책임을 묻는다.

그 다음 단계에서는 고압적인 태도를 솔선하고 화합하는 태도로 바꾸게 하고, 점점 업무성과가 향상되는 것을 경험하게 하는 방식이다. 강의 말미에는 물론 모든 것이 설정된 것이었다고 알려준다.

교육 후에, 신입사원들의 반응은 항상 인상적이다. 경력이 있는 중견사원들의 반응은 대게 설정상황에 언짢아하거나 교육방식을 질타하는데, 신입사원들은 오히려 진지한 고난도의 질문을 토해낸다. 고작 2시간 남짓의 강의임에도 불구하고, 놀랍게도 신입사원들의 리더십 마인드는 더 나은 방향으로 확연히 변화되었다.

필자는 신입사원을 대상으로 강의를 진행하면서 늘 교훈을 얻는다. 지금도 신입사원 하면 그 단어만으로도 내겐 특별한 의미로 다가온다. 실제로 기업이나 기관의 신입사원들은 대부분 기업환경에 처음 접하거나 경험이 많지 않기 때문에 모든 것에 적극적이다. 언제 어떤 상황에도 그 무엇이든지 적극적으로 임할 준비가 되어 있다. 마치 "내게 뭐든 주어진다면 다 처리하겠어!"라고 말하는 사람들 같다.

그들은 더 배우려 하고 더 빨리 익숙해지려고 한다. 강의 중에 그들의 눈빛과 표정은 진지함이란 것이 무엇인지 제대로 느끼게 해줄 정도다. 그리고 하나라도 놓치지 않으려는 집중력은 마치 자기 인생에서 제일가는 관심사를 다루기나 하는 듯 보인다.

신입사원을 대상으로 강의를 시작한 초기에는 이런 반응이 강의 프로그램이 훌륭해서였거나, 아니면 처음 시작하는 사람들의 일반적인 특성으로 이해하였다. 그러나 그것이 착각이었다는 것을 깨닫는 데는 그리 오랜 시간이 걸리지 않았다.

강의가 훌륭해서도 아니고 그들이 처음단계이기 때문도 아니었다. 그것은 바로 '받아들이려는 힘'이었다. 마치 받아들이기 대회에 선발된 선수들 같은 놀라운 에너지였다. 자신의 취향과 자신의 상황에 부합되는지 안 되는지에 관계없이, 전적으로 '받아들이려는 힘' 그것 때문이었다.

강의 중에 고압적이고 권위적인 상황설정 때문에 마지못해 받아들인 것이 아니라, 무엇인가를 얻기 위해서 고의적으로 힘을 투입하고 있었다. 그들은 자기 자신이 가지고 있는 것을 '비우는 것'에도 에너지를 사용하고 있었다. '받아들이기'를 하기 위해서 계속 '비워놓기'를 하는 것이었다.

노자(老子)는 '자연의 도는 허(虛)를 쓰되 때로는 가득 채우지 않는다〈道沖而用之或不盈〉'라고 했다. 자연의 순

리는 완벽하게 짜인 것이 아니라, 비어 있는 것도 있다
는 것이다. 사람들은 주로 '채워진 것'(實)을 추구하고 '빈
것'(虛)을 버린다 하여, 인간은 늘 가지고 싶고 채우고 싶
은 욕망을 버려서 비워야 한다고 말한다.

인생이 더 나은 방향으로 변화하는 데 중요한 에너지
는 바로 '받아들이기'이다. 인생에 변화하는 힘을 가하려
면, 자신이 가지고 있지 않은 것들에 대해 얼마나 잘 '받
아들이기'를 하느냐에 달려있다. 내 인생을 변화시키는
것은 자신에게 없는 것을 들여와야 가능하다. 인생은 저
절로 더 나은 방향으로 변화되지 않으니까.

다른 것을 전혀 받아들이지 않으려고 한다면, 시간이
아무리 흘러도 현재의 자신일 수밖에 없다. 인생을 변화
시키는 것의 시작단계가 가장 힘든 이유는 바로 이 '받아
들이기'를 잘하지 못하기 때문이다. 습관을 바꾸려 해도,
어떤 일에 익숙해지려 해도, 어떤 일을 도모하려 해도,
그것을 먼저 내 안으로 들어오도록 스스로 받아들이지

않는다면, 그것에 대해 생각해 보는 것도 행동해 보는 것도 할 수 없다.

더 안타까운 것은 '받아들이기'를 하지 않음으로써, 그것이 자기 인생에 절대적으로 중대한 것이었음을 모르고 지나치는 것이다. 최악의 상태는 그 어떤 것을 막론하고 '받아들이기'를 하지 않는 것이다.

우리의 일상에서도 '받아들이기'는 늘 일어난다. 학교에서 수업 받는 일, 부모님에게 꾸중 듣는 일, 친구나 직장상사에게 충고를 듣는 일, 강연을 듣는 일, 독서하는 일, 제안을 받는 일……, 사실은 이 모든 것이 '받아들이기'에 연관된 것이다. 그리고 이것들은 결국 받아들이느냐 받아들이지 않느냐의 선택적 상황도 만들어낸다. 자기 자신이 전적으로 선택하기도 하고, 주위의 사람들로부터 종용(慫慂)받기도 한다.

어떤 사람은 일상에서도 언제나 공감적으로 잘 '받아

들이기'를 한다. 수업시간에 하나도 빠뜨리지 않기 위해 집중해서 들으려 하고, 부모님의 꾸중에 대해 그 의도를 잘 새겨보고, 친구나 직장상사가 지적하는 나의 단점을 개선해서 실행해보고, 더 많은 책을 읽으려 하고, 다른 사람들의 얘기에 더 귀 기울인다.

자신이 생각하는 것과 달라도 진지하게 받아들인다. 싫어하는 사람의 충고라도 실행해본다. 기분 나쁘고 자존심이 상하는 것이라도 일단 '받아들이기'를 하고 그것의 진위나 가치를 가늠할 수 있기를 바란다. 받아들이는 것들은 자신의 인생을 변화시키는 에너지며 재료이기 때문에, 주어지는 것보다 더 '받아들이기'를 하기 위해서 힘을 쏟는다.

반면에, 어떤 사람은 '받아들이기'를 잘하는 듯 보이지만, 마음속에선 이미 팽개쳐 버리겠다고 마음먹는다. 현재 자신이 원래 가지고 있는 것들을 기준으로 해서 받아들일지의 여부를 판단한다. 아니면, 여태껏 쌓은 경험과 추측으로 그것을 단정 짓는다. 자신이 경험해보지 못한 것이라 해도, 어림짐작을 통해 소용없는 일로 간주한다. 자신의 인생을 변화시킬 수 있는 에너지를 내던져 버리는 것이라고는 생각하지 못한다.

"내가 어떻게 그걸 해?" 혹은 "나도 잘 아는데, 이건 아니야", "이전에 해 봤는데 결과는 똑같을 거야" 이 세 가지의 말은 '받아들이기'를 잘하지 못하는 사람들의 3대 응답이다.

안타깝게도, '받아들이기'를 잘 못하는 사람은 자신이 항상 잘 받아들이고 있다고 착각한다. 이 '받아들이기'를 못하는 3대 응답을 할 수 있는 이유는, 과거에 나름대로 스스로 받아들였던 것들에 근거하기 때문이다. 과거에 어떤 원리를 깨우친 것을 가지고서, 그와 다른 분야에서도 모든 것이 똑같은 결과를 가져올 것이라는 확신을 갖고 있기 때문이다.

그 원리들은 자신의 인생에서 어느 정도의 문제를 해

결하는데 손색이 없는 수준이라고 굳게 믿도록 만든다. 그 원리가 과거의 어떤 상황에서 몇 차례 일치했기에, 그 믿음은 더더욱 커지게 된다. 결국, 나중에는 그것이 자신의 인생에서 변하지 않는 기준으로 자리 잡게 된다. 자신의 경험의 범위에 부합하는 것은 받아들이고, 경험의 범위에 부합하지 않은 것은 받아들이지 않는다. 그래서 자신은 항상 '받아들이기'를 잘하는 사람이라고 철석같이 믿게 되는 것이다.

내 인생이 더 나은 방향으로 변화하기 위해서는 새로운 에너지가 필요한데, 이미 자신이 가지고 있는 것들만 들여놓는 것이다. 그러면서 "하는 만큼 했는데, 왜 인생이 변화하지 않느냐?"라고 말한다. 그러나 그것은 당연한 결과다.

이러한 성향은 정신분석학자 프로이드(Sigmund Freud)가 말하는 이드(id)의 단계에서 나타나는 것보다 에고(ego)의 단계에서 나타날 때 더 심각하다. 쾌감 위주의 선택을 하는 이드(id)의 단계는 유아기나 청소년기에서 볼 수 있는데, 예를 들어 아이들은 쓴맛의 음식을 경험한 후, 그 불쾌감 때문에 다시는 쓴 맛의 음식을 '받아들이기'를 하지 않기로 결심하는 것이다. 아이들은 쓴 맛을 알 수 없게 되지만, 시간이 지나고 차츰 성장하면서 자연스레 '받아들이기'를 해서 쓴 맛의 세계를 경험하게 된다.

하지만, 이미 사회적으로 성숙해졌고, 객관적으로 자신을 통제할 수 있는 자아를 갖춘 에고(ego)의 단계에서는 양상이 달라진다. 이 단계는 스스로 통제할 능력이 있고 외부환경과 자신의 관계를 객관적으로 정립할 수 있기 때문에, 새로운 것에 대해 시간이 흐른다고 자연적으로 '받아들이기'를 하지는 않는다.

에고(ego)의 단계에서 이러한 '받아들이기' 성향을 가지고 있다면 심각한 상황에 빠지게 된다. 이런 경우, 평생 동안 절대로 그 쓴 맛의 세계를 경험하지 못할 수도 있다. 이른바 '받아들이기'를 거부하는 자신의 에고(ego)

가 생겼기 때문이다. 자신이 진정한 '받아들이기'를 잘 못하면서도 잘하고 있다고 착각하게 되는 것이다.

'받아들이기'를 잘하기 위해서는 항상 '비워놓기'가 필요하다. 비워놓아야만 받아들일 수 있다. 컵에 물이 가득 차 있는 상태에서 물을 더 부어봐야 넘쳐서 흐를 뿐이다. 뒷짐 지고 시선을 딴 곳에 응시하는 사람에게 공을 던져봐야, 그가 공을 받을 가능성은 없다.

자신의 인생에서 변화하는 새로운 에너지들을 받아들이기 위해서는 항상 비워놓은 공간을 마련해야 한다. 손님이 올지 안 올지 몰라도, 마치 집에 항상 손님방을 마련하고 깨끗하게 청소해 놓는 것처럼 말이다.

또한, 그곳이 마련되면 어떤 손님이라도 맞이해야 한다. 내가 좋아하는 사람이건 싫어하는 사람이건 간에 흔쾌히 맞이해야 한다. 하룻밤도 묵기 전에 내쫓아서는 안 된다. 그가 정말 어떤 사람인지 얼핏 보고서는 잘 알 수 없기 때문이다. 그 사람을 자세히 살펴도 보고 또 여러 가지 애기도 건네 봐야 비로소 알 수 있기 때문이다.

그곳은 나의 인생을 더 나은 방향으로 변화시키게 될 에너지를 저장하는 소중한 공간이 된다. 고맙게도, 자신도 몰랐던 인생에서의 뜻밖의 에너지를 얻는 결정적인 기회가 바로 이 공간에서 올 수 있다. 반면에, 에너지를 주려고 해도 이 공간이 없어서 '받아들이기'를 하지 못하는 사람도 있다.

그 소중한 공간을 이런저런 이유로 다른 것으로 채워서는 안 된다. 앞서 말했던 노자(老子)의 인간의 채우기 욕망은 이 공간을 비워 놓지 못하게 한다고 했는데, 이 욕망은 '비워놓기' 자체를 방해한다.

채우기 욕망은 "이래 봬도 내 나이가 몇 살인데!" 혹은 "이 분야에서 내 근무경력이 몇 년인데!", "내가 명문대를 나온 사람인데!", "내가 최고상 수상자인데!", "내가 교수인데!" 하고 허세를 부리게 하고 잘난 체하게 만든다.

그래서 자신이 늘 옳다는 독선을 갖게 하고, 좀 더 박식해 보이기 위해서 위장하게 한다. 이렇게 꽉 채우려는 욕망이 바로 '비워놓기'를 방해하는 주범이다. 언제나 '받아들이기'를 제대로 하지 못하게 만든다.

이렇게 되면, 현재 자신이 있는 지점이 인생에서 더 나은 방향으로 변화하는 것의 종점이 될 수밖에 없다. 평생 현재 그대로 살 수밖에 없다. 자신의 인생이 지금보다 더 나은 방향으로 변화하기를 원하면서도, 사실은 변화하는 에너지를 담아둘 공간에 자물쇠를 채운 것이니까.

이렇게 꽉 채우려는 욕망과 같은 고집불통(固執不通)은 자기 인생을 진정 움직이지 못하도록 한다. 소통하지 못하도록 붙잡아 둔다. 기억하는가! 남보다 뒤처진 상황에 있든, 더 앞선 위치에 있든 그것은 똑같은 것이다. 그리고 자신의 인생에서 최고의 원하는 수준은 마치 '무한대 ∞＋2'처럼 절대 최고는 없다. 최악의 상황도 '무한대∞ －2'처럼 절대 최악의 상태가 아니다.

지금 자신의 현재 상태가 마치 인생의 최종단계인 것처럼 생각할 때, 그 생각으로만 가득 채울 때, 결국 그 공간을 비워놓지 못하게 되는 것이다. '비워놓기'를 하지 못해 '받아들이기'도 불가능하게 되는 것이다.

'받아들이기'가 자연스럽게 되는 것은 아니다. 의도적으로 해야 하고, 익숙해지도록 연습해야 한다. 그리고 인생 전반에서 지속될 때 더 빛을 낸다. 자신의 인생에서 특정한 지점이나 구간에서만 필요한 것이 아니라, 전체 구간에서 그래야 한다.

또한, 실제로 어떤 것을 '받아들이기'를 할 때에는 자기 자신과 동화될 수 있는 충분한 시간을 가져야 한다. 넉넉한 기간을 둬서 계속적으로 유지 시켜야 한다.

칡은 처음 씹으면 쓴맛을 낸다. 그러나 즙이 없어질 때까지 계속 씹으면 점점 단맛을 낸다. "칡은 향긋해"라는 말은 몇 번만 씹어 본 사람들에게는 도무지 이해되지 않는 사실이 되어 버린다. 결국 칡에 대해 제대로 알지 못하고 지나가게 된다.

그러므로 어떤 것을 '받아들이기'를 할 때에는 시간을 넉넉히 두고 그 즙이 다 나올 때까지 계속해서 유지해야 한다. 속단하거나 싫증 내지 말아야 한다. 자기 자신에게 동화될 때까지 계속해야 한다. 동화되도록 놔두는 것이 아니라 의도적으로 계획적으로 동화시켜야 한다. 자신과 동화될 때, 비로소 받아들인 그것의 가치를 실감할 수 있다.

콩을 싫어하는 아이들에게 '콩을 먹이는 것'보다 '한 달간 하루에 콩 한 개씩 먹기를 연습하는 것', 혹은 수학 과목을 두려워하고 싫어하는 고등학생에게도 '수학을 잘하는 것'보다 '한 달간 하루에 한 문제씩 접해보기를 연습하는 것', 가정불화로 서로를 원망하는 가족들에게도 '화목해지는 것'보다 '한 달간 하루에 칭찬 한 마디 하기를 연습하는 것'을 해야 한다. 이렇듯 구체적이고 의도적으로 일상에서부터 체득하는 방식으로 진행해야 한다.

‘받아들이기’는 인생이 더 나은 방향으로 변화하는 속도를 높이는 중요한 에너지이다. 그것은 변화하는 인생의 주변까지도 관조(觀照)하게 한다. 비워놓고 진정한 ‘받아들이기’를 해야 한다. 쓴 맛이 나고 고통스럽더라도 즙이 모두 나올 때까지 씹는 것을 멈추지 말아야 한다. 그 끈기가 인생의 더 나은 방향에서 피어나는 향긋한 내음을 맡게 해 줄 테니까.

인생이 더 나은 방향으로 변화하는 데 중요한 에너지는 바로 '받아들이기'이다. 인생에 변화하는 힘을 가하려면, 자신이 가지고 있지 않은 것들에 대해 얼마나 잘 '받아들이기'를 하느냐에 달려있다. 내 인생을 변화시키는 것은 자신에게 없는 것을 들여와야 가능하다. 인생은 저절로 더 나은 방향으로 변화되지 않으니까.

'받아들이기'를 잘하기 위해서는 항상 '비워놓기'가 필요하다.

컵에 물이 가득 차 있는 상태에서 물을 더 부어봐야 넘쳐서 흐를 뿐

이다. 뒷짐 지고 시선을 딴 곳에 응시하는 사람에게 공을 던져봐야,

그가 공을 받을 가능성은 없다.

엄친딸, 엄친아는
없다

한국이 낳은 세계적인 발레리나 강수진의 양쪽 발을
본 적이 있는가? 사진으로 공개된 그녀의 두발은 믿겨지
지 않을 만큼, 마치 어느 괴기 영화에 나오는 괴물의 것
처럼 흉측스러운 모습이었다. 곳곳에 상처자국과 굳은
살 그리고 울퉁불퉁한 발가락과 거친 피부는 마치 험한
노동을 하는 사람의 것과도 같았다.

그녀의 환한 미소와 균형 잡힌 체형 때문에 상대적으
로 더욱 그렇게 보였는지도 모르겠다. 그래도 발레리나
의 이미지처럼 작고 예쁜 발을 가졌으리라 상상했던 나

의 어리석음이여.

대학 시절에 외국에서 내한한 초청발레단의 공연을 본 적이 있다. 그리 명성 있는 발레단은 아니었지만, 국내 발레단과 자매결연을 맺어서 하는 정기공연이었던 것으로 기억된다.

공연이 끝난 후, 발레리나들이 함께 무사히 공연을 마친 것을 기뻐하며 대기실에서 토슈즈를 벗은 채 축하를 나누는 것을 우연히 보게 되었는데, 그때 본 발레리나들의 예쁜 발도 강수진의 양 발과는 확연히 달랐다.

그녀는 독일 슈투트가르트 발레단에 동양인으로서는 최초로 입단해서 수석 발레리나까지 지냈다. 무용계의 아카데미상이라 불리는 브노아상(Prix Benois de la Danse)을 수상하여 세계 최고의 여성무용수의 영예도 안았다. 발레리나 강수진이 누구인지 잘 모르는 사람도 있겠지만 이 분야에서는 최고로 칭송된다.

어떤 이는, 발레 같은 특수한 분야의 인생을 사는 사람들은 일반인들의 인생과는 매우 다를 것이라 생각한다. 또 어떤 이는, 발레는 아무래도 고급예술이므로 여러 가지로 좋은 조건과 뒷받침이 있어야 될 것으로 추측한다. 아마도 고가의 레슨도 받았을 테고, 좋은 학교에서 수학했을 것이라고 말이다. 혹은 그 명성을 뒷받침하는 좋은 환경과 천부적으로 타고난 재능이 있었으리라 생각하기도 한다. 하지만 그녀는 자신의 성공에 대해 이렇게 고백하고 있다.

"아무리 힘들어도 아침에 일어나면 자연스럽게 연습을 하게 되고, 그렇지 않은 제 모습을 상상하는 것이 이상했습니다. 그리고 아침에 일어나 몸이 아프지 않으면 '전날 내가 연습을 하지 않았구나'라고 생각을 하며 반성을 했어요."

그녀는 우리가 늘 먹고 자는 것처럼 연습자체를 생활습관의 일부로 만들었다. 매일 10시간씩의 피나는 연습,

그녀의 우아한 몸짓이 아름답게 느껴지는 건 그 연습의 땀과 노력이 배어 있어서일 게다.

그러나 사람들은 이 사실을 알게 된 후에도, 연습 이외에 그 무엇이 있었으니까 가능했을 것이라고 짐작한다.

인간에게는 누구나 부러워하는 대상이 있기 마련이다. 인생을 살면서 선망하는 대상은 수시로 바뀌기도 하고, 한 사람이 아닌 여러 사람으로 정하기도 한다. 그 대상처럼 되고 싶어 하고 언젠가는 그렇게 되기를 꿈꾼다. 누구나 살면서 한 번쯤은 자신이 선망하는 대상처럼 되고 싶다는 간절한 열망의 홍역을 앓았던 기억이 있으리라. 이 부러움은 막연한 동경심에서 시작해서 제법 사회성을 갖추기 시작할 때는 더 명확해지고 구체적으로 바뀐다.

선망하는 대상은 어느 특정인이 되기도 하고, 그러한 종류의 사람이라는 정체성 자체가 되기도 한다. 인기 있는 연예인이 되고 싶어 하고, 막강한 권력을 가진 정치가가 되고 싶어 하고, 엄청난 재력을 가진 부호(富豪)가 되고 싶어 한다. "그는 멋있으니까", "그는 부유하니까", "그는 명석하니까" 등의 막연한 동경심에서부터, "그는 자신을 뽐내지 않고 겸손하기도 하고 기부도 많이 해", "아무도 해낸 적이 없는 일인데, 그 사람의 도전정신이 좋아", "난 그 사람처럼 다른 사람들을 돕는 일을 하는 사람이 될 거야" 등 더 세밀한 부분을 선망하는 단계로 발전된다.

또한, 선망하는 대상은 현재 실존하는 인물이거나 과거에 있었던 사람일 수도 있다. 그리고 그 대상에 대한 부러움은 높은 호감도와 애착으로 나타난다. 그래서 그 대상을 좋아하는 감정만으로 그치지 않는다. 자기 자신도 그 선망하는 사람처럼 되고 싶은 욕구를 의식적 또는 무의식적으로도 가지게 된다.

작게는 외모나 행동을 흉내 내는 것에서부터, 크게

는 자신의 인생의 최종목표로 삼기까지 한다. 자신의 인생이 더 나은 방향으로 변화해서 도착하는 종점의 모습으로 생각한다. 이른바, 자기 자신의 완성된 미래를 미리 엿보는 것이다.

이렇듯, 자신이 선망하는 대상은 인생에서 '나는 ~이 되고 싶다'라는 성공의 욕구를 불러일으키는 단계까지 다다르게 한다. 미국의 심리학자 매슬로우(Abraham H. Maslow)는 '인간의 5단계 욕구설'에서 이러한 열망을 자아실현(Self-Actualization)의 욕구라 규정하고, 인간의 5단계 욕구 중 가장 높은 수준의 것이라고 설명한다. 우리가 흔히 얘기하는 인생의 실패와 성공에 관한 것이 바로 이 범위의 것들이다.

선망하는 대상에 대한 부러움이 생길 수 있는 것은 현재의 자기 자신과 선망하는 대상과의 격차 때문이다. 정도의 차이가 있지만, 이는 선망하는 대상보다 자기 자신이 항상 모자라는 상태임을 의미한다.

이 격차는 자기 자신도 인정하는 것이고 다른 사람들도 대부분 인정하는 것이다. 예를 들어, 위대한 성공을 이루어낸 유명인을 선망의 대상으로 삼는다면, 그 유명인과 자기 자신 간에 업적의 격차는 보다 객관적인 사실로 인정된다.

또한, 예외적인 경우도 있다. 그 격차가 상식적이지 않더라도 부러움은 생길 수 있다. 어떤 특별한 부분이 자신보다 더 우월하다고 스스로 느끼고 있다면 가능한 일이다. 이를테면, 부자가 가난뱅이를 부러워하는 것은 상식적인 일이 아니다. 그러나 어떤 부자는 "돈이 없으면 근심걱정도 없을 테니까" 하며 적어도 자신이 선망하는 부분만큼은 그 가난뱅이가 우월하다고 느낄 수도 있기 때문이다.

실제로 자신보다 못한 사람을 부러워하는 일은 드물다. 그렇지만 다른 사람들이 그렇게 생각하지 않더라도,

자신이 그렇게 느끼고 인정하게 되면 선망의 대상으로 삼을 수 있다. 그러므로 이 두 가지 경우가 얘기해 주듯이, 자신이 어떤 대상을 선망하게 된 실제 이유가 무엇인지 잘 살펴볼 필요가 있다.

바로 그 이유는 당신의 인생을 더 나은 방향으로 변화시키기 위해 '받아들이기'를 해야 하는 중요한 재료가 되기 때문이다. 그 대상의 어떤 점을 부러워하고 있는지, 그리고 그 내용이 객관적인 사실인지 곰곰이 생각해봐야 한다. 왜냐하면, 선망하는 대상을 인식하는 과정에서 언제나 '착각(錯覺, Illusion)'과 '오류(誤謬, Error)'가 생길 수 있기 때문이다.

선망하는 대상의 실제 모습과, 내가 알고 있는 그 대상의 모습에는 차이가 있을 수 있다. 발레리나 강수진의 양쪽 발의 사진이 세간을 놀라게 한 것은 강수진의 본래 모습과 사람들의 인식의 차이가 매우 컸기 때문이다. 그녀의 성공이유가 배경이나 외모였을 것이라는 사람들의 인식을, 피나는 연습 때문인 것으로 바꾸어 놓았기 때문이다.

　다시 말하면, 사실은 상상을 초월하는 연습 때문에 성공한 것인데, 사람들은 (물론 그녀가 연습도 했겠지만) 다른 여러 가지 조건들 때문에 성공했을 것이라고 '착각'하고 있었던 것이다.

　이렇듯 선망하는 대상을 파악하는 과정에서는 그 대상의 본래 모습에 대한 엄청난 '착각'과 '오류'가 생길 수 있다. 그 대상을 파악하는 인식의 과정에서 '착각'과 '오류'가 있을 수 있다는 사실을 감안하지 않으면, 선망하는 대상의 있는 그대로의 모습을 보지 못하게 하는 것이다.

　이 '착각'과 '오류'의 가능성은 선망의 대상이 가까운 지인이 아니라, 한 번도 만나보지 못한 사람일 경우에 더욱 높아진다. 부모나 학교의 선생님이 자신의 선망의 대상이라면, 언제든지 만나서 직접 대화를 통해 확인할 수 있다.

그러나 과거의 위인이나 현대의 유명인사가 선망의 대상일 경우에는 직접 대화하거나 관찰하기가 곤란하다. 그 대상에 대한 정보를 누군가로부터 전해 받는 방법밖엔 없다. 책이든, 신문이든, 방송이든, 주위사람의 설명이든, 어떤 경로를 통해야만 파악할 수 있다. 그러므로 설령 전해 받은 정보가 잘못되었다 해도 그것을 믿을 수밖에 없게 된다.

또한, 이런 경우 그 대상의 정보에는 전해주는 사람의 '보는 눈'이 작용하게 된다. 2차 세계대전을 일으킨 독일의 히틀러를 위대한 권력자로 묘사하느냐 냉혹한 살인자로 묘사하느냐에 따라 전달되는 정보는 달라진다. 전달하는 사람의 '보는 눈'에 따라서 자신이 선망하는 사람의 실체를 다르게 인식하게 되는 것이다.

이렇듯 선망하는 대상의 실체를 진정으로 알기 위해서는 반드시 그 과정에서 이러한 '착각'과 '오류'가 있는지를 살펴봐야 한다. 아무 여과 없이 무턱대고 믿게 되면, 자신의 인생을 곤란한 상황에 빠뜨릴 수 있다.

지금 당신이 선망하는 사람들을 떠올려보라! 당신은 그 사람의 실체를 정말 알고 있는가?

영국의 철학자 베이컨(Francis Bacon)은 우상론(偶像論, The Idols)에서 자연 그대로의 사실에 접근할 때, 그 본질을 왜곡시킬 수 있는 것을 우상(偶像)이라고 했다. 우상을 바로 이러한 '착각'과 '오류'를 일으킬 수 있는 요인으로 보았다. 요즈음은 이 용어를 흔히 대중문화에서 인기 있는 연예인을 지칭하거나, 자신이 선망하는 대상을 일컬을 때 사용하기도 한다. 하지만, 베이컨은 이 우상을 선망하는 대상에 대해서, 그 본래 모습 그대로 보지 못하게 하는 일종의 장애물로 보았다.

일단 그 대상에 대해 부러움의 감정을 갖게 되면, 자신의 우상에 대해 흠집을 내는 것을 유쾌하게 생각하지 않기 때문에, 그 이후로도 계속해서 그 부러움을 유지시키기를 원한다. 자신의 선망 대상은 자신과 동일하다고 생각하기에, 그 대상을 더 좋은 쪽으로 강화시킨다. 자신이 보고 싶은 것만 보게 되는 것이다.

이러한 감정이 쌓이게 되면 그 대상을 맹목적으로 믿게 된다. 모든 부분에서 탁월할 것이라는 맹신으로 왜곡된다. 그래서 그 대상의 여러 가지 정보가 객관적인 사실인지 아닌지 확인하지 않고도, 모든 부분에서 대단할 것으로 생각한다.

"쟤네 집은 부자니까 1등 하는 거야", "저렇게 잘생겼으니까 운동도 잘할 거야", "저렇게 노래를 잘하니까 마음도 착할 거야" 하고 생각한다. 그러나 이 말들은 자세히 보면, 논리적으로 인과관계가 성립하지 않는다. 어떻게 잘생긴 외모가 운동을 잘하게 할 수 있겠는가? 그럼에도 실제 정말 그러한지 확인하지 않고, 그러려니 믿게 되는 것이다. 후광효과(後光效果, halo effect)는 이러한 논리적 오류의 범주를 잘 설명해 준다.

이것이 계속해서 꼬리에 꼬리를 물게 되면, 그 이외의 것들도 자기 자신보다 풍족하거나 탁월할 것으로 믿게 된다. 선망의 대상이 항상 자신보다 더 앞서 있음을 스스럼없이 인정하게 만든다. 사실이 아닐 수도 있는데도 말이다. 이러한 착각상태는 자신의 인생을 더 나은 방향으로 변화시키는 데 부정적인 정보를 제공하기 시작한다.

이러한 우상은 자신이 선망하는 대상을 인식하는 과정에서도 엄청난 오류를 범하게 한다. 바로 '환상(幻想)'을 만들어내는 것이다. 이것은 없는 것을 마치 세상에 존재하는 것처럼 만들어낸다. 선망하는 대상에 대해서도 사실과 다른 정보를 만들어서, 마치 그것이 정말 있는 것처럼 전한다. 그 시대를 사는 사람들이라면 누구나 선망할 수 있는 대상을 조작해 내는 것이다.

더구나 그 만들어진 존재는 세상에 어느 누구도 따라

잡을 수 없는 완벽한 모습을 하고 있다. 또 사람들로부터 특별한 명칭으로 불리어진다. 모든 면에서 자신보다 뛰어난 존재, 아무리 노력해도 이길 수 없는 존재, 학벌과 완벽한 외모를 겸비한 결점 없는 존재 등으로 만들어 낸다. 이러한 현상은 현대 사회에서도 마찬가지다.

실제로 현대 사회심리학자들은 이러한 현상을 지나치게 과도한 경쟁을 요구하는 사회풍토를 비꼬기 위한 목적이거나, 혹은 그 시대에 가장 완벽한 이상형을 만들어 냄으로써 자신의 스트레스를 해소하고 싶은 성향이라고 설명한다. 인터넷을 비롯한 매스미디어가 발달한 오늘날과 같은 시대에는 이러한 현상을 더욱 빈번히 접하게 되므로, 자신 스스로가 착각과 오류에 빠져 있는지 항상 감안해야 한다.

부자동네에 살면서 완벽한 외모를 가지고 있으며, 집안은 명문가의 자녀이기도 하고, 일류대학을 수석으로

졸업했고, 세상에서 제일 선(善)하고, 4개 국어를 유창하
게 구사하면서 춤과 노래가 최고 수준이며, 게다가 연봉
도 억대인 바로 이러한 사람이 과연 존재할까? 누군가
있다고 말한다면, 그 사실을 정말 확인한 것일까? 정답
은 '절대로 그렇지 않다'이다.

　이러한 '착각'과 '오류'는. 자신의 인생을 변화시키는
데에 치명적인 열등감(콤플렉스)을 갖게 한다. 있지도 않
은 유령 같은 존재에 평생 동안 열등감으로 살게 되는 것
이다. 사람들이 만들어낸 환상과 자신의 현재 모습간의
심한 격차가 열등감으로 자신을 억누르게 된다.

　인식의 오류로 그렇게 믿게 되면 그렇게 될 수밖에 없
다. 그 환상은 자신의 인생이 더 나은 방향으로 변화하는
것을 가로막는다. 사실을 왜곡해서 자신의 인생이 변화
하는 에너지를 분산시킨다. 그래서 이러한 상황에 맞닥
뜨리면 스스로 의심할 수 있어야 한다. 거기서 뛰쳐나와
야 한다.

자신이 원하는 인생을 위해서는 스스로 변화하고자 하면 된다고 했다. 자신이 원하는 인생과 현재의 자신은 하나라고 했다. 같은 곳에 있다고 했다. 그러나 이 환상은 인생이 더 나은 상태로 변화하는 것에, 똑같은 조건이 주어지지 않으면 절대 불가능하다고 착각하게 만든다.

마치 배경, 재능, 돈, 외모, 학벌, 명성 등 그러한 조건이 없으면 절대 얻지 못하는 것이라고 거짓말한다. 그러한 조건들이 없는 사람은 인생에서 성공하기가 현실적으로 불가능하다고 조롱한다. 이 환상은 대부분의 사람들을 이른바 패배자로 만들어 버린다. 무서운 전염병처럼 말이다.

혹시 당신이 선망하는 대상에 관한 정보가 이러한 것들은 아닌지 생각해 보았는가?

선망하는 대상의 실체는 그렇지 않다. 확실히 정반대이다. 그 대상은 인생을 변화시키는데 당신과 똑같이 두려움을 느꼈었고, 끊임없이 변화하는 에너지를 투입했으며, 환상에 휩쓸리지 않은 것이다.

설사 그러한 환상의 주인공이 실제로 있다 해도, 그것은 그 성공한 후의 결과를 애기하는 것일 뿐, 사실은 자신이 변화하는 에너지를 끊임없이 투입해서 이루어낸 성과들인 것이다. 애초에 그러한 조건으로 시작한 것은 아니다. 그 선망의 대상인 장본인도 똑같은 과정을 밟아왔기 때문에 가능했던 것이다. 그래서 선망하는 사람의 실체는 그가 변화된 인생의 최종모습이어서는 안 된다.

예를 들어, 어떤 사람이 각고의 노력으로 엄청난 재력을 가지게 되었는데, 그 이후에 그 사람이 향유하는 달콤한 시간을 선망해서는 안 되는 것이다. 선망해야 할 것은 바로 인생을 점점 변화시켜온 과정이다. 그의 인생이 변화되는데 필요했던 바로 그 힘과 에너지인 것이다. 그것이 인생을 더 나은 방향으로 이끌 수 있었을 테니까.

그 선망하는 대상의 인생의 최종 결과를 동경해서는 안 된다. 성취과정에 초점을 맞추어야 한다. 그 사람의 인생을 변화시켰던 힘에 주목해야 한다. 그의 고난과 고통의 시간을 보낸 일도 같이 전해 받아야 한다. 그의 인생을 변화시킨 에너지를 사랑하고 연구해야 한다.

그럴 때 선망의 대상은 인생에서 자신이 진정으로 어떻게 살아갈 것인가의 이정표가 된다. 그리고 자신의 인생이 더 나은 방향으로 변화되어서 미래에 보게 될 자아상이 된다. 둘은 '하나'이므로.

정도의 차이가 있을 뿐, 당신의 선망의 대상은 곧 당신의 모습이다. 자! 이제 정말 당신의 미래의 거울을 살짝 엿보는 흥분의 시간을 가져보라!

선망하는 대상의 실체는 인생을 변화시키는데 당신
과 똑같이 두려움을 느꼈었고, 끊임없이 변화하는 에너
지를 투입했으며, 환상에 휩쓸리지 않은 것이다. 그것이
인생을 더 나은 방향으로 이끌 수 있었을 테니까.

선망하는 대상의 인생의 최종 결과를 동경해서는 안 된다. 그 성취과정에 맞추어야 하고, 그 사람의 인생을 변화시켰던 힘에 주목해야 한다. 그의 인생을 변화시킨 에너지를 사랑하고 연구해야 한다. 정도의 차이가 있을 뿐, 당신의 선망의 대상은 곧 당신의 모습이다.

'걱정하기' vs
'해결책 찾기'

어느 화창한 여름 날 오후였다. 스승과 제자 사이인 두 스님은 오늘도 여느 때와 같이 시주를 받으러 읍내로 가는 중이었다. 스승이 앞에 서고 제자가 조용히 뒤를 따랐다. 읍내로 가기 위해서는 조그만 개천을 건너야 하는데, 어제 밤에 온 소나기 탓인지 물이 많이 불어있었다.

개천 앞에 당도한 두 스님은 난감한 상황을 보게 된다. 한 여인이 불어난 물 때문에 개천을 건너지 못해 발을 동동 구르고 있는 것이 아닌가! 두 스님을 발견한 여인은 급한 나머지 도움을 요청했다. "저… 스님 제가 이

곳을 꼭 건너야 하는데 좀 도와주실 수 없는지요?" 이미 여인은 울먹거리기 시작했다. 제자 승은 여인의 부탁에 당혹해 하고 있는데, 스승이 갑자기 그 여인을 등에 털썩 업고 개천을 건너고 있는 게 아닌가! 그 광경을 본 제자 승은 깜짝 놀라 눈이 휘둥그레졌다.

이윽고 스승의 도움으로 개천을 건너게 된 여인은 연신 고맙다는 인사를 하며 종종 걸음으로 사라졌다. 스승은 아무 말 없이 길을 걸었고 제자도 뒤를 따랐다.

제자는 스승의 행동이 이해되지 않았다. 둘 다 파계(破戒)될 수도 있는 행동이기에 읍내에 당도할 때까지 계속 걱정을 하였다. 중은 여자를 가까이해서는 안 되는 것이고, 스승도 늘 그렇게 가르쳤기 때문이다.

제자는 참지 못하고 결국 걸음을 멈추어 물었다. "스승님! 스승님은 어떻게 여자를 등에 업을 수 있었습니까?" 그러자 스승은 걱정스러워 하는 제자의 눈을 물끄러미 보며 이렇게 말했다.

"나는 개천을 건너서 그 여자를 내려놓았는데, 너는

아직도 그 여인을 등에 업고 있는 게로구나!"

　선문답 같은 이 한편의 이야기는 문제 상황에서 두 스님의 생각과 행동을 통해 인생에 대해 이채로운 상상을 하게 한다. 이러한 문제 상황은 우리들의 인생에서도 흔히 일어난다. 과거에도 일어났고 앞으로도 일어날 것이다. 또 일상적인 부분에서도 일어나고, 인생의 성패를 좌우하는 결정적인 순간에도 일어난다.

　인생에서 이 문제 상황은 마치 불청객과도 같다. 예고하지 않고 느닷없이 나타나서는 항상 어떠한 조치를 요구하기 때문이다. 마치 내가 골목길을 지나가고 있는데 느닷없이 떡 하니 가로막고서는 "자! 이제 어떻게 지나갈 건데?" 하며 난감하게 하는 사람처럼 말이다.

　사람들은 대부분 이러한 문제 상황을 골칫거리나 걱정거리로 생각하기 십상이다. 문제 상황이 발생하면 어떤 응당한 조치를 취해야만 하기 때문이다. 응당한 조치를 취하지 않으면 자신이 원하지 않는 상황이 발생하기 마련이다. 그렇게 되지 않으려면, 불청객을 잘 설득을 하든지 교묘히 속이든지, 그도 저도 아니면 무작정 밀고 나가든지 무슨 조치라도 반드시 해야만 한다. 그래야 그 길을 통과할 수 있게 된다.

우리는 이러한 문제 상황에서 "이렇게 하면 될까?" 하고 생각하게 되고, 묘안이 잘 떠오르지 않으면 걱정하기 시작한다. 적절하게 취할 조치를 떠올렸다 하더라도 "효과가 없으면 어떡하지?" 하며 걱정하는 마음은 가시지를 않는다.

인생에서는 누구나 다양한 문제 상황에 직면하게 된다. 막차를 놓친 상황, 용변을 본 후 화장지가 없는 상황, 성적을 올리기로 약속한 상황, 몸이 뚱뚱해진 상황, 재수생이 된 상황, 취업시험에 낙방한 상황, 남자친구가 헤어지자고 하는 상황, 자녀가 지병에 고통을 받는 상황, 교통사고로 더 이상 걷지 못하는 상황…… 등. 이렇듯 인생에서 문제 상황은 대수롭지 않은 것도 있지만, 매우 심각한 수준의 것으로도 다가온다.

이러한 특정한 상황은 모든 사람들에게 똑같은 문제 상황으로 여겨지지는 않는다. 어떤 사람은 문제 상황이 사소한 일상이라고 여기고, 또 어떤 사람에게는 사소한 일상인데도 문제 상황이라고 걱정한다. 세계적으로 잘 알려진 물리학자 스티븐 호킹(Stephen Hawking) 박사처럼 자신의 전신마비상태를 문제 상황으로 생각하지 않은 경우가 있는 반면, 심지어는 사는 것 자체를 문제 상황으로 여기는 사람도 있다.

또한, 이 문제 상황은 우리 인생에서 끊임없이 찾아온다. 이렇게 생각하고 나니 더 걱정이다. 나에게 일어난 문제 상황을 어떻게 감당하면 좋을지 모두 다 걱정거리이다. 어떻게 조치해야 할지 걱정이고, 조치를 하더라도 원하는 결과가 나오지 않으면 어떡해야 할지도 걱정일 뿐이다.

이 문제 상황을 걱정거리로 여기는 이유는 바로 이 '문제'라는 것 때문이다. 공부를 싫어하는 이들은 '문제'라는 용어만 나와도 거부반응을 일으키니까.

본디 '문제'라는 것은 '해결되지 않은 상태'의 것을 말한다. 아직 해답이 없는 상태나 풀리지 않은 상태이다. 그래서 이 '문제'라는 것은 어렵고 까다로운 것이라고 느낀다. 해결해야 하는 일이 주어지게 되므로 부담을 주기 때문이다. 그리고 해결한 후에도 그 결과를 감수해야 하기 때문에 불안한 감정을 느낀다.

또 다른 이유는, 이 문제 상황을 해결하지 못하면 자신에게 좋지 않은 상황이 올 것이라 믿기 때문이다. 혹시라도 그러한 좋지 않은 상황이 내게 오면 어떡하나 하고 속을 태우게 된다. 겁도 나고, 창피하기도 하고, 마음이 무거워진다. 결국은 이러한 문제 상황에 직면하는 자체를 싫어하게 된다. 걱정하면서 속을 태우는 상태가 되는 것이 싫기 때문이다.

이렇듯, 문제 상황은 우리에게 염려하고 걱정하는 감정(感情, Feeling)을 유발시킨다. 이렇게 생긴 감정은 문제 상황이 반복적으로 해결되지 않을 때 더 부정적으로 변한다.

어떤 사람들은 문제 상황에 직면하지 않았는데도 걱정하면서 산다. 자신에게 이러한 문제 상황이 혹시 일어날지도 모른다는 걱정을 하는 것이다. 곤란한 일이 일어나면 어떡하나 하고 염려한다. 어처구니없게도 앞으로 자신에게 일어날지 안 일어날지도 모르는 문제 상황에 대해 걱정하는 것이다. "내가 부자가 안 되면 어쩌지?" 혹은 "밤새 공부한 것을 내일 아침에 까먹으면 어쩌지?" 또는 "만약 우리나라에 전쟁이 터지면 난 어떻게 하지?"…… 등, 공연한 생각에 사로잡혀 사서 걱정을 하고 있는 것이다.

이러한 질문들을 자신의 인생에서 실제로 중대한 문

제 상황으로 생각한다면, 평생 동안 항상 걱정하는 것으로 살 수 밖에 없다. 실제 문제 상황이 닥쳐온 것이 아니고, 또 현재 있지도 않은 문제 상황을 자기 스스로 만들었기 때문이다. 그러므로 자기가 만든 그 상황에 걱정하는 감정이 유발되면서, 결국 매일 매일이 괴로운 삶의 연속이 된다.

이러한 쓸데없는 걱정들이 늘어나면, 자신의 인생을 망치고 병들게 한다. 나만 불행하다는 기분을 갖게 한다. 즐겁고 유쾌한 감정보다 우울하고 불안한 감정이 인생을 지배하기 때문에, 무엇이든지 피하고 싶고 외면하고 싶게 만든다. 이렇듯 부정적인 감정이 쌓일수록 인생을 더 나은 방향으로 변화시키기 위한 의욕을 저하시키고 자포자기까지 하게 한다.

그러면, 이러한 문제 상황을 어떻게 하면 해결할 수 있을까? 그리고 걱정하는 감정에 사로잡히지 않으려면 어떻게 하면 될까?

실제로 인생에서 이러한 문제 상황은 걱정하거나 염려하는 감정으로는 근본적으로 해결할 수가 없다. 문제 상황은 해결을 요구하는 것이므로, 문제 상황이 유발한 걱정하는 감정과 해결하는 방법은 완전히 다른 차원의 것으로 구별해야 한다.

수학의 2차 방정식을 풀지 못해서 걱정하고 괴로워할 수는 있지만, 걱정하고 괴로워하는 감정으로 그 2차 방정식을 풀 수 있는 것은 아니다. 중요한 시험을 앞두고 "만약에 떨어지면 어떡하지?"하고 술을 마시고 괴로워할 수 있지만, 하루 종일 그렇게 지낸다고 해서 시험에 합격할 수 있는 것도 아니기 때문이다. 만약 이것들이 가능하다면 걱정을 잘하는 방법을 배워야 했을 테니까.

걱정하는 감정에 사로잡히지 않는 근본적인 방법은 문제 상황 자체를 해결할 때만 가능하다. 문제 상황이 직접 요구하는 것에 대해서 생각하고 행동할 때 비로소 해결할 수 있다. 못 풀었던 2차 방정식을 풀어내야 해결 가능한 것이고, 시험에 합격하기 위해 시험공부를 계속하는 것이 해결 가능하게 한다.

이러한 근본적인 해결방법만이 걱정하는 감정에서도 완전히 벗어날 수 있게 한다. 문제 상황의 해결은 이와 같이 이성(理性, Reason)적인 방법일 때 가능하다. 걱정하는 감정이 아닌 이성적인 생각과 행동으로 대응할 때 가능한 것이다.

감정적인 것으로는 인생의 문제 상황을 해결하지 못한다. 인상을 찡그리거나 한숨 쉬는 것, 그리고 누구를 탓하면서 화내는 것으로는 당연히 해결할 수 없는 것이다. 심리학자 로버트 리히(Robert L. Leahy)도 그의 '걱정 활용법(The Worry Cure)'에서 인간의 삶에 걱정이라는 요소를 치료하는 데 근본적인 방법을 이성적인 사고기법을 이용하여 접근하였다.

만약 안 좋은 감정 상태로 시간을 보내게 된다면, 문제 상황은 더욱 악화되기만 하고 해결의 기회를 잃어버리게 된다. 오히려 그 시간을 이성적인 해결책을 모색하는데 할애해야 한다.

2차 방정식을 풀지 못해서 걱정하는 감정으로 지내는 며칠 동안을, 문제를 풀기 위해 연습하는 시간으로 채워야 한다. 2차 방정식을 풀어냈던 못 풀었던 그 결과에 걱정할 필요 없이, 방정식을 풀기 위한 연습으로 채워야 한다. 이 방법만이 문제 상황을 해결할 것임에 틀림없기 때문이다.

인생에서 부딪히는 모든 문제 상황에서도 반드시 그렇다. 걱정하는 마음은 인생에서의 문제 상황을 해결하는 것과는 실질적으로 무관하다. 걱정하는 감정도 그 일을 해결하는 데 도움이 될 것이라고 오해하고 있을 뿐이다.

걱정하는 감정이 많을수록 이성적인 생각과 행동은 힘을 발휘하지 못한다. 걱정하고 불안해하는 감정은 이성적 해결책을 생각하는 것을 저해한다. 인생에서의 문제 상황은 이성적인 해결을 요구하는 것과 동시에 걱정하는 감정 두 가지 모두를 유발시킨다. 서로 엇물린 두 가지를 모두 드러낸다. 그러므로 반드시 이 두 가지를 혼동하지 않고 구별해야 한다. 걱정하는 나 자신을 발견할 때마다, 이것은 해결하고 있는 상황이 아니라고 중얼거릴 수 있어야 한다.

당신은 인생에서 이 두 가지 중 어디에 시간을 더 많이 할애하고 있었는가?

'어떻게 볼 것인가'가 인생을 바꾼다고 했다. 당신의 '보는 눈'이 문제 상황을 달리 조명할 수 있다. 사실, 이 문제 상황이라는 것은 생각과는 달리 자신의 인생이 더 나은 방향으로 변하게 하는 연습을 하게 해준다. 테스트며 예비고사 같은 것이다. 문제 상황을 해결하는 연습은 내가 원하는 것에 가까이 가는 것을 도와준다. 그러므로 이것은 고맙고 즐거운 것이다.

학문의 범주에서는 실력을 검증하기 위해 일부러 문제 상황을 만들어내기도 한다. 바로 '시험(Test)'이다. 사회에 진출해서도 항상 쫓아다니는 바로 그 시험이다. 모든 시험도 '문제'의 형태로 구성되어 있다. 그러나 이것은 이미 해결된 문제들이다. 다만 해결되지 않은 상태로 되돌려 놓았을 뿐이다. 그래서 시험은 응시자가 직접 스스로 해결할 수 있는지 여부를 확인하기 위해 고안해낸 체계다.

만약 그 시험 문제들이 없었다면, 지금 당신의 지적 수준이 가능했을까? 우리는 시험이라는 것에 대해 '지긋지긋하다'라는 감정을 가지고 있지만, 사실은 시험에 있는 문제들이 인생의 문제 상황에서 이성적인 해결책을 사용하도록 도운 것이다. 알고 보면, 자신의 인생에서 발전하기 위한 쓴 소리를 해주는 진정한 친구와도 같다.

시험이라는 것 때문에 걱정에 휩싸이기도 했지만, 이성적 방법으로 해결하라는 요구에 자기도 모르게 응함으로써 현재의 지식을 갖게 된 것이다. 만족스러운 정도가 아니라도, 시험이 없었다면 이 수준에 다다르지도 못했다. 인생에 있어서의 문제 상황도 역시 이러한 시험을 치르는 것과 같은 것이다.

이 얼마나 고마운 일인가! 아무 대가 없이 나의 인생이 더 나은 방향으로 변화하기 위한 문제 상황을 출제해 준다니!

그렇다면, 내 인생에서 이성적 방법으로 해결해야 할 '문제 상황'을 얼마만큼이나 겪게 될까? 불청객같이 찾아오는 문제 상황을 모두 해결할 수는 있는 걸까?

인생에서 문제 상황을 모두 해결하는 것은 근본적으로 불가능하다. 근본적으로 그렇게 될 수 없는 성질의 것이다. 그 어느 누가 자신의 인생에서 벌어지는 모든 문제 상황을 그때 그 때 해결하였던가? 이것 또한 걱정하는 감정의 찌꺼기들이다. 그리고 이것은 단 한 번에 해결되는 성질의 것도 아니며, 몇 번의 시도가 있어야만 제대로 된 해결책을 찾게 해 주는 것이다.

또한, 자신이 강구한 이성적 해결책이 틀릴 수도 있다. 틀리는 것은 당연한 과정이다. 틀리는 것을 두려워할 필요는 없다. 필자가 모 연수원에서 알게 된 인재개발 분야의 마이클 핀 교수는 영어를 잘 못하는 이유가 "틀리면 어떡하지?"하고 걱정하는 것 때문이라고 털어놨다. 그는 영어 듣기와 말하기 실력을 높이기를 원하는 사람들에게 이렇게 얘기한다. "저도 영국인이지만 영어를 완벽하게 구사하지는 못합니다. 틀리게 말하세요! 괜찮습니다! 그 누구도 당신에게 영어를 잘 못한다고 조롱할 수 없으니까요. 그래야 진짜 잘하게 됩니다!"

인생의 문제 상황을 해결하려고 시도하면서 여러 번 틀린다는 것은 완전한 해결책을 찾는 것을 의미한다. 이렇게 찾게 된 완전한 해결책은 점점 더 해결하는 데 소요되는 시간을 짧아지게 한다. 게다가 놀랍게도 다른 문제 상황까지도 해결할 수 있는 실마리를 준다.

당신이 선망하는 대상도 그 자신의 인생을 그렇게 더 나은 상태로 변화시켰고, 또 지금도 그들은 그렇게 하고 있다. 이른바 인생이 더 나은 방향으로 변화하는 것에 가속도가 생기는 것이다.

지금 당신에게 걱정거리가 있는가? 걱정과 걱정이 아닌 것은 하나라고 했다. 그 정도만 다를 뿐, 한 몸이라고 했다. 문제 상황을 보는 자신의 '보는 눈'에 따라 달라진다고 했다. 자신이 처한 상황에 대해 즐거움을 가질지, 깊은 근심을 가질지의 선택은 바로 당신 몫이다.

자! 그렇다면 당신은 지금부터 어떤 선택을 할 것인가?

인생에 있어 문제 상황이라는 것은 자신의 인생이 더 나은 방향으로 변하게 하는 연습을 하게 해준다. 테스트며 예비고사 같은 것이다. 문제 상황을 해결하는 연습은 내가 원하는 것에 가까이 가는 것을 도와준다. 그러므로 이것은 고맙고 즐거운 것이다.

인생의 문제 상황을 해결하려고 시도하면서 여러 번 틀린다는 것은 완전한 해결책을 찾는 것을 의미한다. 이렇게 찾게 된 완전한 해결책은 점점 더 해결하는 데 소요되는 시간을 짧아지게 한다. 이른바 인생이 더 나은 방향으로 변화하는 것에 가속도가 생기는 것이다.

인생이 담는 시간의 미학
– 허송세월과 휴식

이 세상에서 가장 편안함은 무엇일까? 힘든 일이나 신경 쓰는 일 없이 안락하고, 그 무엇도 할 필요가 없는 그러한 세계! 그러한 파라다이스가 있다면 얼마나 좋을까? 이런 단꿈에 젖어 고단한 인생을 위로한 적이 한 번쯤은 있겠다.

학생은 학업에 시달리고, 직장인은 업무에 시달리고, 부모는 아이들 양육에 시달린다. 피곤하고 무거운 심신을 달래고 싶고, 매일 반복되는 일상에서 탈출하고픈 마음은 늘 간절하다. 열심히 했건 안 했건, 쉬고 싶다는 생각은 여간해서는 머릿속에서 잘 떠나지 않는다.

잠도 자지 않고, 밥도 먹지 않고, 옆 사람에게 곁눈질 한 번 할 새도 없이 지낸 것도 아닌데, "하루만 쉬었으면" 아니 "일 년 정도 쉴 수 있다면 얼마나 좋을까?"하고 생각한다. 그러나 그렇게 원하는 쉼이고 휴식이지만, 정작 진정한 휴식을 취하는 사람은 그리 많지 않다. 과거든 현재든 어디에 있든지 말이다.

"사람이 더 편안하게 쉬기를 원한다면, 서 있는 사람은 앉고 싶어 하고, 앉아 있는 사람은 눕고 싶어 한다. 아이러니하게도 누워있던 사람은 앉고 싶어 하고, 앉아 있던 사람은 서 있고 싶어 한다."

이 역설적인 문구는 인간이 편안함을 추구하는 방식을 잘 보여준다. 서 있는 사람과 앉아있는 사람 그리고 누워있는 사람은 모두 다 편안한 상태이기도 하고, 동시에 불편한 상태이기도 하다.

쉬는 것과 쉬지 않는 것(일하는 것)은 정도의 차이가 있을 뿐, 똑같다. 그리고 쉬지 않는 것(일하는 것)이 있어야 비로소 진정으로 쉬는 것이 있을 수 있다. 이것은 또한 하나로 되어 있기에, 누워있는 사람이 불편한 고통을 느끼는 상태일 수도, 서 있는 사람이 기대했던 최고의 편안함을 즐기고 있는 상태일 수도 있다.

매일 고된 노동을 하는 사람에게는 편안하게 누워있는 것이 쉬는 것이라면, 매일 누워만 있는 사람에게는 일하는 것이 바로 쉬는 것이 될 수 있다.

창작물을 구상하기 위해 매일 생각하는 것에 전념하는 사람에게는 생각을 멈추고 멍하니 있는 것이 쉬는 것이라면, 매일 아무 생각 없이 멍하니 있는 사람에게는 자기가 좋아하는 것에 대해 깊이 생각해보는 것이 쉬는 것이 될 수 있다.

믿기지 않는다면, 일주일간 자기 침대에서 아무 생각

없이 멍하니 계속 누워만 있어보라! 그 침대에서 몸을 일으켜서 얼마나 벗어나고 싶은지 느낄 수 있다. 자신의 동작 상태를 바꾼 것만으로도 편안함을 느끼다니 절로 고개가 갸웃거려진다.

쉬는 것과 쉬지 않는 것(일하는 것)은 하나로 되어 있기에, 또 그 반대의 경우도 나타난다. 서 있는 사람은 자신이 무엇인가 일하고 있다고 착각할 수 있고, 누워있는 사람은 자신이 쉬고 있다고 착각할 수 있다.

매일 책상에 앉아서 잡스러운 생각을 하면서도, 책상에 앉아 있다는 이유만으로 무엇인가 열심히 일하고 있다고 착각한다(책상은 무엇인가 일을 하는 곳이다). 반대로, TV를 밤새도록 보면서 온갖 감각적인 소재들에 주목하느라 정신이 혼미해도, TV를 보았다는 이유만으로 그게 쉬는 것이라고 얘기한다(대부분 TV를 주로 휴식시간에 본다).

쉬는 것을 원하지만 휴식하지 않고, 일(공부)하고 있는 것 같지만 그렇지 않다. 어찌 보면 인생은 일(공부)하기와 쉬는 것의 연속인데, 일(공부)하는 것도 쉬는 것도 제대로 하지 못하고 있는 것이다. 이것이 누적되면 인생에 심각한 악순환을 가져올 수 있다.

제대로 쉬지 못했기 때문에 일(공부)은 능률이 안 오르고, 능률도 오르지 않는 일(공부)의 성과는 당연히 부진하다. 그런 부진한 성과를 가지고 기쁘게 쉴 수도 없지 않은가! 이것은 비단 장기간의 휴가기간이나 큰일의 프로젝트에서만 해당되는 경우는 아니다. 매일 일어나는 바로 자신의 하루하루의 일상에서도 그렇다.

예를 들어, 일(공부)이 잘 안 풀릴 때 머리를 식힐 겸 짬짬이 인터넷게임을 즐기던 것이, 조금 집중하다 보니 하루에 인터넷게임으로 보내는 시간이 일(공부)하는 시간보다 많아지게 된다. 이젠 거꾸로, 인터넷게임이 잘 안 풀릴 때 머리를 식히기 위해 일(공부)을 하게 되어 버리는 것이다. 하루하루를 이렇게 보내고 있는 것이다.

이런 사람의 인생이 어느 방향으로 변화할지는 그리 어렵지 않게 짐작할 수 있다. 이러한 상황이 궤변(詭辯)처럼 들리는가? 당신의 일상에 이러한 상황이 없다고 장담할 수 있다면 정말 다행이다.

사람들은 편안한 휴식을 갖는다는 것을 그냥 생각나는 대로 아무렇게나 시간을 보내는 것으로 여기기도 한다. 그냥 거기서 벗어나기만 하면 된다는 마음뿐이다. 어디로 가든, 어떤 생각을 하든, 무엇을 하든 관계없다고 생각한다. 이것은 진정한 의미의 휴식과는 전혀 다르다.

이것은 휴식이라는 것과 비슷하게 생겼지만, 사실 '시간 죽이기(Killing Time)'라는 녀석이다. '시간 죽이기'는 그냥 시간이 가기만을 기다리는 것이다. 없어졌으면 하는 시간으로 생각하기 때문에, 그 시간들을 소중한 것으로 여기지 않는다.

'시간 죽이기'에는 주로 무료함을 없애기 위한 행동들

로 채우게 된다. 시간을 빨리 보내고 싶기 때문에, 의미 없는 소모적인 일들로 채우게 되는 것이다.

예를 들어 친구와 만나기로 한 시간이 20분가량 남았다고 가정해보자. 기다리는 시간이 무료해서 시간을 때우기 위해 다방에서 아무 생각 없이 성냥 쌓기를 하거나, 지나가는 차들의 번호판을 무심하게 읽거나, 원색적인 잡지를 사서 보거나, 혹은 버스를 타고 그냥 바깥을 응시하는 것이다. 그저 지루함만을 없애주기 위한 행동들이다. 목적이 있는 것이 아니다.

새로운 건축 프로젝트를 위해 가상으로 성냥을 쌓아보는 것이 아니고, 차들의 번호판 숫자를 암산으로 더해보기 위해서도 아니고, 원색잡지의 심각성을 조사하기 위해서도 아니며, 버스노선 정책의 합리성을 알아보는 등의 의미 있는 목적을 가진 것들이 아니다. 그나마 간절히 기다리기 위한 것도 아니다. 그냥 시간을 보내는 것이다. 소모적인 성질의 행동들이다.

이러한 소모적인 행동들은 반복한다고 해서 어떤 의미 있는 결과가 쌓이지 않는다. 시간만 보내버렸을 뿐이다. 마치 바늘로 노를 젓고, 밑 빠진 독에 물을 붓는 것과도 같다.

엎친 데 덮친 격으로, 이러한 가치 없는 일을 하는 시간도 매우 바쁘게 느껴진다. 이러한 '시간 죽이기'를 하면서도 매우 바쁘다고 느낀다. 친구가 올 때까지, 인터넷게임을 주어진 시간에 성공시켜야 하니 만만치 않다. 바쁘다 보니 이것이 매우 중요한 일로 느껴진다. 원래 자신이 중요하게 여겼던 일보다 더 신경이 쓰인다.

급기야는 이러한 소모적인 일을 하는 동안에 정말 중요한 전화가 와도 "저 지금 바빠서 그러는데, 바로 다시 전화 드리면 안 될까요?"하고 어처구니없는 답변을 하고 만다.

게다가 그러한 소모적인 일을 수행하면서 그것이 성공적이었다는 둥 그렇지 않다는 둥, 그 성과까지 논하게 된다. 점점 착각하게 되어서 마치 그 것이 인생에 매우 중요한 일거리가 되어 버린다. 본말(本末)이 전도된 상황이 속출하게 되는 것이다.

스티븐 코비(Stephen R. Covey) 박사는 그의 저서 『성공하는 사람들의 7가지 습관』에서 중요한 일과 긴급한 일에 대한 잘못된 인식을 잘 설명해 준다.

직무 중에는 중요한 일과 긴급한 일이 존재하는데, 그중 중요한 일을 먼저 수행해야 한다는 것이다. 대부분의 사람들은 당장 코앞에 닥친 일들만을 처리하느라 정작 자신에게 중요한 일은 점점 뒷전으로 밀어놓기 때문에, 결국 자신이 원하는 성공에 다가서기 어렵다는 것이다. 그리고 긴급한 일들은 빨리 해결해야하는 성질을 가지므로, 사소한 일인데도 불구하고 긴급하다는 이유로 마치 그것이 자신에게 가장 중요한 일로 착각하기 쉽다고 애기한다.

독일의 문학가 괴테(Goethe)도 "인생에 있어서 가장 중요한 일이 별로 중요하지 않은 일에 좌우되어서는 안 된다"고 했다. 사소한 일들이 중요한 선택과 결정의 기준이 된다면 그 결과는 자명하다. 안타까울 뿐이다.

더 심각한 상황은 '시간 죽이기'를 하는 시간이 점점 늘어난다는 것이다. 소모적인 일에 너무 집중한 나머지 그것을 완성하는 데 집중하게 된다. 하루에 몇 시간을 넘게 되고 일주에 며칠이 넘게 되는 것이다. 결국 인생에 있어서도 많은 부분을 차지하게 돼버린다.

이것이 바로 허송세월(虛送歲月)의 실체이다. 열심인데도 상황이 더 나아지지 않는다고 말하는 사람들은 의심해볼 필요가 있지 않을까?

휴식이라고 착각하게 되는 또 한 가지는, 무엇인가 자신을 재미있게 만들어주는 것들이다. 이른바 기분전환으로 불리는 것인데, 이것은 수동적으로 행동해도 되는 것과, 복잡한 생각을 하지 않아도 되는 유형의 것들이다.

본래 인간의 육체와 정신은 복잡하고 어려운 것들을 본능적으로 회피하게끔 되어있고, 쉽고 간단한 것들을 빨리 받아들이게 프로그램 되어있다. 그리고 법칙이나 개념 같은 이성적인 것들보다, 성(性)적인 것들이나 가십(Gossip-어떤 사람에 대한 흥미 위주의 뜬소문)같은 감각적인 것들을 더 쉽게 받아들인다.

감각적이고 선정적인 것들에 대해서는 인생에 있어서 특히 '받아들이기'를 신중하게 해야 한다. 자신에게 동화될 때까지 계속 해보면서 비로소 그 맹점을 깨닫는 것도 좋지만, 그렇게 하지 않고 그 특성을 깨닫는다면 더 좋겠다.

또한, 감각적인 것들은 항상 수시로 변하는 성질의 것들이기 때문에, 인생의 문제 상황에 대해 이성적 해결책으로 사용하기에 적당하지 않다. 특별한 가치도 없이 그냥 변화무쌍하다는 것 자체만으로 나를 계속 집중하게끔 한다. 거기서 벗어나지 못하게 가로막는다. 이것들에 빠져들게 되면, 여러 가지 구차한 일로 걱정하는 감정만을 불러일으킨다. 기분전환을 할 때 이러한 감각적인 것들에 깊이 의존하게 되면, 벗어나기가 예상외로 힘들다는 점을 반드시 감안해야 한다.

이런 맥락에서 인간의 본성을 더 확대해 보면, 인간의 육체와 정신은 먼 훗날의 큰 행복보다 당장의 순간적인 쾌락을 선호하게 되어있고, 변하지 않는 진리를 터득하는 것보다 감각적인 만족을 본능적으로 선호하게 되어있다. 감각적인 것들이 자신의 인생에 주는 위력을 더욱 더 명확하게 볼 수 있다. 행동심리학자들은 5살짜리의 아이들을 통한 실험에서 이를 증명한다.

빈방 안에서 아이에게 사탕 한 개를 쥐어주고, 또한 사탕이 가득 담겨있는 박스를 보여준다. 그리고 아이에게 30분 동안 쥐어 준 사탕을 먹지 않는다면, 박스 안에 가득 담겨있는 사탕을 모두 주겠다고 약속한다. 그리고

난 후, 아이를 방 안에 혼자 있게 하고 그 이후 행동을 관찰한다.

실험결과는 놀라웠다. 실험에 참가한 모든 아이들이 30분을 참지 못하고 쥐어준 사탕을 먹어버린 것이다. 우습게도 사탕 한 박스를 포기하고 사탕 한 개를 선택한 것이다. 만약 이러한 상황을 성인들에게 제시했다면 당연히 누구나 30분을 참고 기다렸을 것이다.

행동심리학자들은 이것을 아이들의 뇌가 눈앞에 있는 감각적 쾌락을 이성적으로 통제할 수 있는 능력이 부족하기 때문이라고 설명한다. 성인에 비해서 뇌의 논리적 사고력보다 감각적 욕구가 앞서기 때문이라는 것이다.

이것은 성인에게도 지능이나 인생을 살면서 시행착오나 훈련의 여부에 따라 정도의 차이가 있다고 한다. 이 실험의 흥미로운 결과가 과연 당신을 제외한 아이들에게만 적용되는 것이라고 믿어도 될까? 독서를 생활화하면 인생에서 성공을 얻을 수 있다는 말에 당신은 진실로 어떻게 반응해왔는가?

　휴식은 잃어버린 시간이 아니다. 자신의 인생을 재창조(Recreation)할 수 있는 중요한 시간이다. 놀이나 게임 등으로 즐기고 있지만, 결코 허송세월하고 있는 것이 아니다. 휴식은 편안함을 추구하지만, 그 편안함이란 자신이 처해있는 상태에 따라 상대적인 것을 추구하는 것이다. 생리적으로도 그렇고 정신적으로도 그렇다.

　휴식은 즐기는 일을 하면서 긴장을 푸는 것이다. 이를테면, 축구선수들이 땀을 뻘뻘 흘리며 탁구를 즐기는 것으로 육체적인 휴식을 취할 수 있는 것이고(일반적으로 운동선수는 운동을 멈춰야만 휴식이 가능하다고 생각한다), 매일 계속되는 영상제작으로 스트레스 받는 방송국의 프로듀서도 다른 영화를 보면서 재충전할 수 있는 것이다(일반적으로 자기 분야에서 벗어나야만 휴식이 가능하다고 규정한다). 아이러니컬하게도 무엇인가 하고 있음에도 대단한 휴식이 되는 것이다.

휴식은 또한 창조의 바다에 뛰어드는 것이기도 하다. 그래서 휴식은 인생에서 중요한 문제 상황을 해결할 수 있는 아이디어 창고가 되기도 한다. '아하!의 법칙(Aha-phenomenon)'처럼 긴장을 늦추고 휴식할 때, 몇 개월 동안 연구해도 풀리지 않았던 것들을 우연히 착안하게 한다.

뉴턴(Isaac Newton)은 집 앞 농장에서 쉴 때 마침 떨어지는 사과를 보고 중력의 법칙을 발견하게 되었고, 갈릴레이(Galilei, Galileo)도 연구실에서 잠시 쉴 때 시계의 추를 보면서 진자의 법칙을 발견하였으며, 돌턴(John Dalton)도 역시 경마장에서 쉬면서 경주하는 승마선수들의 헬멧을 보고 원자의 모형을 완성할 수 있게 되었다고 한다.

휴식은 일하고 있는 것과 같다. 둘은 한 몸인 것이다. 다만, 그 두 가지 다 허송세월하고 있는 상태인지 아닌지가 중요하다. 당신은 어떤가?

　　사람이 더 편안하게 쉬기를 원한다면, 서 있는 사람은 앉고 싶어 하고, 앉아 있는 사람은 눕고 싶어 한다. 아이러니하게도 누워있던 사람은 앉고 싶어 하고, 앉아 있던 사람은 서 있고 싶어 한다.

　　매일 고된 노동을 하는 사람에게는 편안하게 누워있는 것이 쉬는 것이라면, 매일 누워만 있는 사람에게는 일하는 것이 바로 쉬는 것이 될 수 있다. 창작물을 구상하기 위해 매일 생각하는 것에 전념하는 사람에게는 생각을 멈추고 멍하니 있는 것이 쉬는 것이라면, 매일 아무 생각 없이 멍하니 있는 사람에게는 자기가 좋아하는 것에 대해 깊이 생각해보는 것이 쉬는 것이 될 수 있다.

시계의 시침도
움직이고 있다

"아빠! 근데 엄마는 언제쯤 오는 거야?" 어느 대중목욕탕에서 아빠와 4살배기 아들 간에 대화가 들렸다. 엄마를 오랜만에 만나러 가는지, 부자(父子)가 목욕을 온 모양이다. "응… 5시 정도에 오셔." 아빠는 아이의 옷 벗는 것을 도와주며 자상하게 얘기했다. "그럼 얼마나 기다려야 되는 거야?" 아이는 곧 엄마를 만나게 된다는 생각에 점점 신이 난 모양이었다.

아빠는 뭔가 생각난 듯 탈의실 한 켠에 걸려있는 큰 괘종시계를 가리키며, "저기 큰 시계 보이지? 저 시계바

늘 중에 가장 짧은 바늘이 지금 숫자 3을 가리키고 있지?
저 바늘이 5가 있는 데까지 가면 엄마가 오시는 거야."
아이에게 엄마가 올 때까지 시간의 정도를 잘 알아듣게
설명하려는 듯, 아빠는 시계의 원리를 빗대어 차근차근
설명했다.

"정말? 아빠 저 시계바늘이 빨리 움직였으면 좋겠다!
그지?" 아이는 엄마가 온다는 기쁨에 괘종시계에 가까이
다가가 잠시 동안 시계의 시침을 가만히 응시하고 있었
다. 그런데 무언가를 발견했는지 이내 아이가 울먹이기
시작했다.

"아빠 그런데 시계바늘이 안 움직여! 다른 바늘은 잘
움직이는데 이 바늘만 안 움직이잖아!" 실망했는지 아이
는 더욱 소리 내어 목욕탕이 떠나가라 칭얼거렸다.

"언제 엄마가 온다는 거야! 아빠는 거짓말쟁이야! 엄
마는 안 오는 거지!" 아이의 아빠는 난감해하며 달래기
시작했다.

그런데, 우리는 저 아이가 몇 시간 후면 엄마를 만나게 될 거라는 사실을 이미 알고 있다.

인생이 더 나은 방향으로 변화하는 모습은 시계의 시침과 같다. 시계의 시침은 움직이지 않는 듯 움직인다. 분침과 초침은 늘상 움직이고 있다. 잠시 동안 시계를 들여다보는 것으로도 초침과 분침간의 운용원리를 충분히 눈으로 볼 수 있다.

그러나 시침은 움직인다고 딱 잘라 말하기가 어렵다. 실제로 시계를 들여다보면 그냥 서있으니까. 그러다가 다른 일에 몰두하다 얼핏 다시 봤을 때, 그제야 시침이 이 만큼 움직인 것을 알아차린다.

만약 시계에 초침과 분침을 없앤다면 시침은 움직이지 않는 것으로 착각할 수도 있다. 그러나 움직임이 보이지는 않지만, 움직이고 있다는 것은 분명한 사실이다.

사실, 인간의 감각기관은 유감스럽게도 그것이 허용

하는 범위 내에서만 느끼고 식별할 수 있다. 식물의 꽃이 피는 것을 보려면, 하루 동안 보는 것으로는 움직임을 알아차릴 수 없다. 적어도 며칠 동안을 보아야 꽃이 활짝 피어있는 모습을 본다. 굳이 어떻게 움직이는지 알고 싶다면, 카메라로 촬영한 후 고속으로 진행시켜야만 그제야 꽃이 피는 움직임을 볼 수 있다. 과학의 힘을 빌어야만 하는 것이다.

이렇듯 인간의 감각기관은 제한적일 수밖에 없다. 우리가 사는 지구가 무려 초속 23km의 엄청난 속도로 공전하고 있지만, 누구도 그 속도감과 상상을 초월하는 굉음을 느끼지 못한다. 시계의 시침이 움직이는 것을 느끼지 못하듯이, 마찬가지로 인생에 있어서도 자신의 인생이 변화하는 움직임은 시계의 시침처럼 잘 보이지 않는다. 순간순간 잘 포착되지 않는다. 시계가 운용되는 체계를 잘 이해하는 것처럼, 인생이 운용되는 체계도 잘 이해해야 한다. 이것을 잘 모르면 역시 인생에 대해서도 전혀 다른 해석을 내리게 된다.

시침의 움직임을 이해할 수 있는 것처럼, 자신의 인생도 시계의 시침처럼 변화한다는 사실에 익숙해져야 한다. 마치 식물의 성장과 같이 매우 느리지만, 자신이 원하는 방향으로 은밀하게 움직이는 속도를 느낄 수 있어야 한다.

또한, 시침이 순간에는 움직이지 않는 듯하나, 하루에 두 바퀴나 돈다는 이율배반적 속도 감각을 가져야 한다. 자신의 인생이 변화하는 것도 움직이지 않는 듯 느리지만, 또한 순식간에 변모할 수 있다는 감각에 익숙해져야 한다.

만약 인생의 큰 변화를 매 순간마다 느끼려고 한다면, 당연히 변화하지 않았다고 생각할 수밖에 없다. 초침이 한 바퀴 돌았는데 과연 시침이 얼마나 움직였겠는가! 이렇게 눈앞에 있는 당장의 순간을 보는 감각으로 인생의 변화를 가늠하게 되면, 여러 번 에너지를 투여했는데도 불구하고 인생이 마냥 제자리에 있는 것으로 알게 된다. 인생이 변화하는 움직임마저도 끝내 알아차릴 수 없을 뿐더러, 괜한 실망까지 하게 만든다. 지금 자신의 인생이 변화하는데 투여하는 에너지가 소용없어 보이기 시작하고 조바심만 나게 된다. 그만 둬 버릴까 고민하게 된다.

고작 책 한 권을 읽은 후, "왜 내 인생은 원하는 방향으로 변하지 않는 거지?"하고 투덜거리게 되고, "이까짓 책 한 권 읽는다고 인생에 무슨 변화가 있겠어?"하며 체념하게 된다. 둘 다 움직이고 있는 것이 확실한데도 확연히 보이지 않으므로 소용없는 것으로 판단한다. 안타깝게도 이는 인생의 변화가 시계의 시침처럼 움직인다는 사실을 보지 못하기 때문이다.

보이지 않는다는 것은 불확실성을 나타내므로, 확실하지 않은 것들은 전혀 할 필요가 없다고 생각되기 때문이다. 쉽게 좌절하고 포기하는 사람들의 대부분은 바로 이런 이유에서다. 성급한 마음을 가지고 미리 결론을 내 버리는 것이다. 마음만 급해져서, 원했던 결과가 바로 나타나지 않으면 불가능한 것이라고 단정한다.

인생이 변화하는 것은 자신의 조그마한 행동이 더해지고 쌓여서 이루어진다. 오늘의 협소하고 부분적인 자그마한 행동들이 모여서 나중에 커다란 인생의 움직임과 변화를 일으킨다. 한 시간 한 시간, 또 하루하루의 자그마한 행동이 없다면, 당연히 인생의 변화는 없을 테니까.

예를 들어, 부자가 되는 것이 인생의 목표라면 어제 경영서적을 20페이지 읽은 것과, 오늘 경제신문에서 익힌 2개의 경제용어와, 내일 재래시장에서 상인들을 1시간 동안 관찰하기로 한 것 등이, 자신의 인생을 움직이게 한다는 사실을 알아야 한다.

사소하고 일상적인 일들이라도 그것이 자신의 인생을 분명히 움직이게 하는 것이다. 이 행동들은 자신의 인생을 변화시키기 위한 힘이자 에너지라고 했다. 그 힘과 에너지를 사용하는 모든 행동은 시계의 시침처럼 비밀스럽게 인생을 변화시키고 있다는 것을 반드시 알아야 한다.

우리는 시험에 합격한 것, 취업에 성공한 것, 돈을 많이 번 것, 남들에게 존경 받는 것, 영예로운 상을 수상한 것 등 인생에 커다란 성공의 결과만이 인생의 시침을 움직이게 한다고 생각한다. 그러나 그것은 사실이 아니다. 인생이 더 나은 방향으로 변화하기 위한 에너지를 가했음에도 불구하고, 그때그때 불현듯 나타나는 좋지 않은 결과도 역시 인생을 더 나은 방향으로 움직이게 한다. 큰 성과와 마찬가지로 똑같은 힘으로 인생을 변화시킨다.

시험에 낙방한 것, 취업에 실패한 것, 금전적 손실이 난 것, 남들에게 비난 받는 것, 불명예를 안는 것 등 인생에 부정적인 결과도 마찬가지로 자신의 인생을 더 나은 방향으로 움직이게 한다. 그 당시의 결과가 안 좋았다 하더라도, 변화하는 에너지를 가했기 때문에 시계의 시침처럼 인생도 더 나은 방향으로 움직이고 있는 것이다. 다만, 자신의 제한적인 감각 때문에 느낄 수 없을 뿐이다.

이루어내지 못했다는 실패감 때문에 자신의 인생이 움직이고 있다는 것을 못 느끼게 한 것뿐이다. 결코 헛되이 보낸 것이 아니고, 물거품이 된 것이 절대 아니다. 지금 당장은 움직이지 않는 것처럼 보일 뿐, 변화되고 있는 것은 분명한 것이다.

2차 세계대전을 승리로 이끈 영국 수상 처칠(Winston Churchill)은 고등학교까지 계속 꼴지를 면하지 못했다고 한다. 그러나 주위에서는 그를 독서의 신이라 부를 정도로 그는 오로지 독서에만 에너지를 쏟았다. 학교에서 계속 꼴지를 했다는 결과가 그의 인생에 움직임을 막지 못했다. 그러나 인생을 변화시키는 에너지로서 독서를 꾸준하게 했기 때문에 성공에 다다른 것이다.

결과가 좋은 것 그리고 결과가 나쁜 것은 우리의 '보는 눈'이 구분해 놓았을 뿐이라고 했다. 변화하는 에너지를 투입하는 행동이 인생을 움직이는 것이지, 그 결과의 성패가 인생을 움직이게 하는 것이 아니다. 당신이 믿든 안 믿든 인생의 시침은 그런 식으로 움직이고 있다.

인생이 변화하는 데 사용하는 에너지를 투입한 결과도 시계의 운용체계처럼 나타난다. 초침과 분침이 계속 돌지 않으면 시침은 움직이지 않는다. 시침이 한 바퀴를 움직이려면 초침은 720바퀴를 돌아야만 한다. 그때그때의 결과가 어떻든, 변화하는 에너지를 계속 가해야만 인생의 시침을 움직이게 한다. 초침이 한 바퀴 돌 때 시침의 움직임처럼, 하루 동안 최선의 노력이 인생에서도 어느 정도 움직임을 야기하는지 가늠할 수 있어야 한다.

이 운용감각을 익숙하게 만들면 성급하게 결론 내리거나 인생의 계획을 무리하게 세우지 않게 된다. 그리고 그 당시 맛본 실패의 상황이 마침내 자기 인생의 최종목표를 이루기 위한 과정이라고 확신하게 되는 것이다.

시계의 초침은 인생에서 1시간 정도에 비유할 수 있다. 분침은 하루이며, 시침은 1년이다. 인생의 변화는 하루의 단위로 두드러지는 것이 아니다. 대부분 1년, 3년, 10년 등의 연 단위로 그 변화하는 움직임을 포착할 수 있는 것이다. 자신도 스스로 인정하고 남들로부터도 인정받는 인생의 성공단계는 이렇듯 인생의 시침처럼 연(年) 단위에서 운용된다.

당신도 반드시 경험하게 되겠지만, 몇 년 후에 자신의 인생이 괄목할 만큼 훌쩍 변화된 것을 느끼게 될 때, 과거를 한 번 돌이켜 보라! 지난 3년간 하루하루마다 이러한 큰 변화를 세밀하게 느낄 수 있었는지 말이다. 이렇게 시침 같은 운용감각을 스스로 익숙하게 만들어야만 인생에서 성급한 판단을 내리지 않게 되는 것이다.

이러한 감각을 가지게 되면 에너지를 투여하는 계획도 연 단위로 수립할 수 있게 된다. 반대로, 매번 쉽게 포기하는 사람들은 하루 혹은 길게는 일주일 정도의 미래

만을 생각한다. 인생의 계획을 세우는 것도 그 기간 이내
에서만 하게 된다.

1년 이후에, 자기 인생의 모습에 대해 구체적으로 생
각해보지 않는다. 그리고 연 단위의 계획이 필요하다는
것에 부정적인 인식을 갖고 있다. 그러니 그냥 하루하루
마다 일희일비(一喜一悲) 할 수밖에 없다. 인생의 시침 같
은 운용체계를 잘 이해하지 못하기 때문이다.

당신의 일상에서 초침과 분침을 계속해서 돌려야 한
다. 확신을 가지고 즐거운 마음으로 수행하면 된다. 당신
의 인생은 지금 더 나은 방향으로 확실히 변화하고 있다.
당신의 인생이 더 나은 방향으로 변화하는 힘과 에너지
를 투여하는 것을 멈추지만 않는다면, 당신의 인생에 시
침은 계속 움직일 것이다.

중간 중간 좋지 않은 결과도 당신 인생의 시침을 계속
움직이게 한다는 것을 잊지 말라! 그 때도 '걱정하기'에
빠져들지 말고 '해결책 찾기'를 계속해야 한다. 기대 이하

의 결과가 나와도 즐겁고 보람될 수밖에 없지 않은가!

　목욕탕의 그 아이가 5시에 반드시 엄마를 만나는 것처럼, 당신도 염원하는 것을 언젠가는 반드시 만나게 된다. 바로 그 날! 당신의 인생에 시침이 얼마나 움직였는지 보게 되면 실로 놀랄 것이다.

자신의 인생이 시계의 시침처럼 변화한다는 사실에 익숙해져야 한다. 마치 식물의 성장과 같이 매우 느리지만, 자신이 원하는 방향으로 은밀하게 움직이는 속도를 느낄 수 있어야 한다. 또한, 인생이 움직이지 않는 듯 느리지만 순식간에 변모할 수 있다는 이율배반적인 감각에 익숙해져야 한다.

인생에 커다란 성공의 결과만이 인생의 시침을 움직이게 한다고 생각한다. 그러나 그것은 사실이 아니다. 인생이 더 나은 방향으로 변화하기 위한 에너지를 가했음에도 불구하고, 그때그때 불현듯 나타나는 좋지 않은 결과도 역시 인생을 더 나은 방향으로 움직이게 한다.

나의 과거는 지금도 만들어지고 있다

다른 사람들을 경쟁상대로 여기지 말라

당신을 매우 특별한 사람으로 만들라

나와 친한 사람들은 왜 내가 선망하는 대상이 아닌가?

내가 앓고 있는 증후군

인생의 생리학 – 사점(Dead Point)과 슬럼프(Slump)

카우치 포테이토(Couch Potato)와 마우스 포테이토(Mouse Potato)

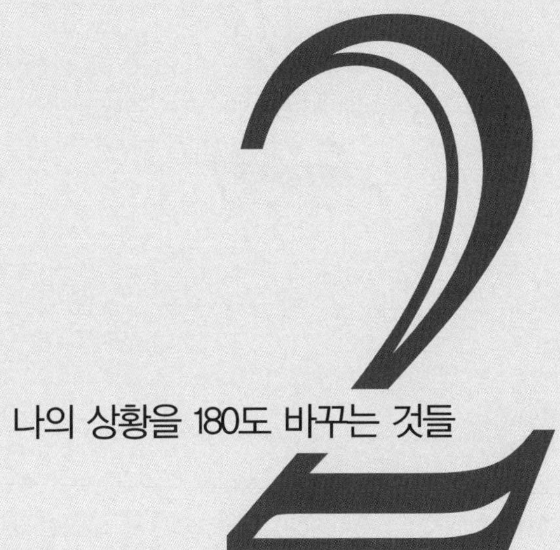

2

나의 상황을 180도 바꾸는 것들

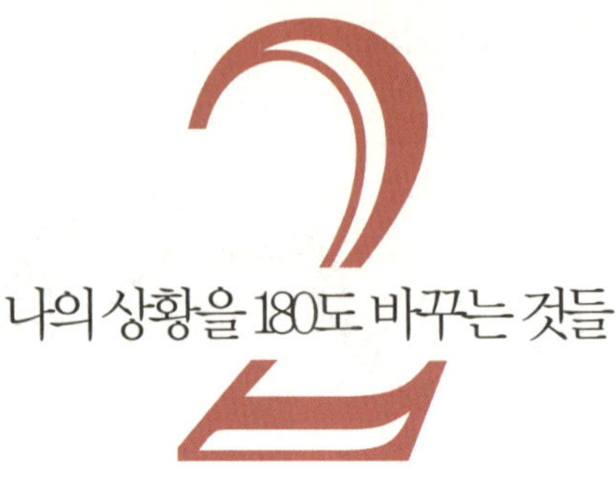

나의 상황을 180도 바꾸는 것들

　인생에 있어서 문제 상황과 같은 고난과 시련은 항상 존재한다. 상식적으로 감당할 수 없는 극한 고난과 시련일 수도 있고, 상대적으로 누구나 마음만 먹으면 견뎌낼 수 있는 수준의 것도 있다.

　필자는 오래 전, 재벌기업 자녀의 자살소식을 전하는 TV뉴스를 본 적이 있다. 젊은 나이였고 재산도 무려 몇 천억이나 되는데도, 그런 극단적인 선택을 한 것이다. 죽음의 원인 또한 향정신성 약물 복용 등이 아닌 것으로 밝

혀져, 그 보도는 당시 필자의 심경을 매우 복잡하게 했다.

평생 돈을 벌지 않아도 되는 풍요로운 환경이었을 텐데도, 자기 인생을 마감할 결심을 한 이유는 무엇이었을지 선뜻 답을 찾기 어려웠다. 어떤 이들은 당장에 먹을 것이 없는 고된 삶마저 견디고 살아가는데도 말이다. 정말 다른 방법은 없었던 것일까?

이후에도 이 물음이 머릿속에서 잘 떠나지 않아 상당한 시간을 내어 생각에 잠겼었다. 내가 만약 그였더라도 그랬을까?

자신의 인생에 대해 좌절하거나 포기하는 이유는 '얼마나 가지고 있는가'에 달려있지 않다. 물론 더 이상 가질 것이 없다는 사실에 절망할 수 있지만, 덜 가지고 있다는 사실에 만족하는 경우도 있으니, 그것은 억측일 테다.

결국, 가진 것이 많을수록 덜 좌절하게 된다던가, 포기하는 마음이 덜 들 것이라는 생각은 위의 경우 때문에 모순이 되어 버린다. 그러므로 덜 가졌다는 것이 좌절과 포기의 이유가 되지는 않는다.

만약 나보다 더 많은 재산을 가지고도 절망하는 사람이 있다고 가정해 보자. 그렇다면 그보다 적게 가진 사람들은, 적게 가졌음에도 절망하지 않고 산다는 것을 자존심 상하는 경우라고 봐야 할까? 그래서 절망하는 척이라도 해야 하는 걸까? 본질적으로 당연히 그렇지는 않다. 인생에서 고난과 시련에 굴하지 않는 강인함도 역시 '자신이 가진 것이 얼마나 되는가'와는 직접적인 연관성은 없다.

또 한 가지는, 불우한 환경과 열등한 상태만이 고난과 시련을 주는 것은 절대 아니라는 점이다. 우수하다고 평가 받는 사람이나 풍요롭게 사는 사람도 똑같이 인생에서 좌절과 절망의 고통을 느끼고 있다. 다시 말하면, 나보다 훨씬 풍요롭게 사는 사람들도 역시 나처럼 인생에서 좌절과 절망을 느낀다는 것이다. 의외로 나보다 더 큰 절망에 빠져 있을 수도 있다. 내가 인생에서 어렵고 힘든 일을 두려워하는 것처럼, 더 나은 조건과 능력을 가진 사람도 동일하게 인생의 힘들고 어려운 상황을 두려워하고 있다.

불우한 환경과 열등한 상태가 날 어렵게 만들거나, 힘든 고난과 시련을 야기하는 것이 아니다. 자신이 처해 있는 환경과 우열의 여부와는 전혀 관계가 없다. 힘들고 어려운 일은 어떤 상태에 있든 상관없이 누구에게나 인생에서 만나게 되는 것들이다.

그 누구도 예외는 없다. '당신이라서' 찾아오는 것이 아니라, '당신에게도' 찾아오는 것이다. "우리 집이 가난하기 때문에 힘든 일이 많이 생기는 거야" 혹은, "나는 학벌이 별로라서 남들에게 인정받지 못하는 거야"라고 말하는 것은 나에게만 유독 그럴 것이라고 생각하는 자괴감(自愧感)의 표현일 뿐이다. 이러한 말은 사실 다른 많은 사람들도 똑같이 하고 있는 것이니까.

시련과 고난을 견디고 인생의 위기상황에서 버텨야 하는 일은 이젠 더 이상 나에게만 닥치는 것이 아니다. 누구에게나 찾아오는 것이므로, 결국 그것을 견디느냐 못 견디느냐에 달려있는 것이다. 가진 조건의 우열이 아니라, 그 상황에 마주치면 자신이 어떻게 반응하느냐에 달려있다. 작든 크든, 지금 내가 마주하고 있는 고난과 시련을 어떻게 받아들이고 어떻게 처리하는가의 태도에 달려있는 것이다.

어떤가! 상황이 이렇다면, 한 번 해볼 만하지 않은가?

실제로 미국의 미시건대 심리학교수 존 니콜슨과 제인 클라크도 저서 『더 높이 튀어오르는 공처럼』에서 '회복탄력성(resilience)'이라는 개념을 내세워, 그들의 '보는 눈'으로 이에 관한 해결책을 제시하였다.

이들은 인생이 가장 밑바닥으로 떨어졌을 때 공이 탄성으로 인해 다시 튀어 오르는 것처럼, 인생에서 역경을 견디고 이겨내는 힘을 인생 최대의 행복이라고 얘기한다. 그리고 그것에 반드시 필요한 몇 가지 요소를 제시하고, 그 정도를 개인마다 측정할 수 있는 회복탄력성지수(Resilience Quotient)도 고안하였다. 실제로 이 테스트는 질문문항에 답변하는 방식으로서, 절망의 상황에서 얼마나 튀어오를 수 있는지 그 정도를 점수로 매겨서 활용하기도 한다.

누구에게나 고난과 시련이 찾아오는 것이라면, 그것에 대비하는 것도 필요할 것이다. 승리하기 위해서는, 상대방에 대해 많이 알고 있을수록 유리한 고지에 오를 수 있다. 100미터 달리기에 우승을 목표로 하는 사람이 매일 수영연습을 한다면 누가 봐도 결과는 뻔하다.

고난과 시련을 견뎌내는 관건이 반응하는 태도에 있다면, 그것을 헤쳐 나가는 연습을 해야 한다. 다시 말해서 풍요롭거나 더 많이 가진 사람들보다, 잘 견디고 의연하게 헤쳐 나가는 사람들에게 관심을 가져야 한다. 그것을 이기는 능력과 기술은 반드시 자신을 더 막강하게 만들기 때문이다.

　필자가 애기할 이 능력과 기술들은 나 자신의 '견디고 이겨내는 힘'에 주목하게 하는 것이다. 자신이 어디에 존재하고 어떻게 존재하는지 집중적으로 드러내 보고, 자신의 성능에서 소홀했던 부분이 있다면 다시 특별한 능력으로 부각시키는 것이다.

　이 능력도 또한 자신의 인생에서 가장 자연스러움에 순응하는 것이다. 자연이 운용되는 것과 같은 것이다. 이제부터 내 안에서 그 힘을 주인공으로 등장시켜보라! 곧 당신의 상황을 완전히 바꾸어 놓을 것이다.

나의 과거는
지금도 만들어지고 있다

현재 자신의 체형과 사고방식은 과거부터 지금까지 매일 쌓아온 행동습관의 결과이다. 어떤 분야의 최고 수준에 있는 사람들은 그 분야에서 요구하는 최적의 체형과 최적의 사고방식을 가지고 있다. 그러한 체형은 선천적으로 타고난 것이 아니라, 사실은 매일 매일의 연습한 행동습관이 그렇게 만든 것이다. 매일매일 인생에서의 시계 초침을 끊임없이 돌린 결과이다.

최고 성악가의 발성기관, 최고 마라톤 선수의 심장과 순환계, 최고 미술 전문가의 색채를 보는 면밀한 시각,

인기모델의 풍부한 표정과 몸짓 등은 역시 매일매일 연습의 습관이 만들어낸 것이다. 결국, 어떤 사람의 체형이 그 분야의 최고수준에 있는 사람들과 유사할수록 행동습관도 비슷하다고 할 수 있다.

그런데도 사람들은 흔히 이렇게들 말한다. "저 선수는 큰 심폐기능을 가져서 오래 뛸 수 있는 거야" 혹은 "저렇게 섬세한 성대가 있어서 최고의 성악가가 된 거야"…. 하지만 사실은, 그 사람의 과거 매일 매일의 연습량이 그를 그렇게 만든 것이다.

이것은 진화론자인 라마르크(Lamarck)가 주창했던, 사용하는 기관일수록 더 발달하고 덜 사용할수록 쇠퇴하게 된다는 용불용설(用不用說, Theory of Use and Disuse)과 완전하게 부합되지는 않더라도, 인생에서도 중요한 원리로 적용된다는 점이 매우 흥미롭다.

실제로, 한 분야의 최고를 가리는 콘테스트의 참가자들을 눈여겨보면, 그 어떤 종류의 대회에서든지 참가자가 서로 비슷한 체형을 가진다. 또한 지적(知的) 능력을 견주는 대회에서도 참가자들의 사고체계는 비슷하다.

보디빌더, 마라톤선수, 수영선수 등 종목별로 체형이 각각 비슷하고, 마찬가지로 암산대회, 수학경시대회 등의 참가자들이 문제를 처리하는 방식도 유사하다. 그러나 최고 수준보다 낮은 콘테스트를 보면, 참가자들은 그 체형이나 사고방식에서 최고수준의 사람들에 미치지 못하는 것을 알 수 있다. 결국, 이것은 바로 그들의 행동습관이나 연습량의 차이 때문이다.

이와 같은 사실은, 반대로 어떤 분야에서도 그 사람의 능력을 얼핏 짐작할 수 있게 만든다. 다시 말해서, 겉으로 슬쩍 보이는 체형만으로도 그 사람의 운동능력이 어느 정도인지 비교적 정확히 파악할 수 있다. 이를테면, 발목이 굵은 사람은 달리는 속도가 늦다거나, 근육질인 사람은 유연성이 부족하다는 것 등이다. 그리고 문제해결의 처리방식의 범위도 마찬가지다. 암산대회나 수학경

시대회의 경우도 몇 가지 문제를 푸는 사고패턴을 보는 것만으로도 대략적인 능력을 가늠할 수 있다.

여기서 중요한 메시지를 놓쳐서는 안 된다. 자신이 가지고 있는 현재의 체형과 사고방식은 바로 과거에 매일매일 해 왔던 행동의 결과라는 것이다. 그러므로 현재 자신의 체형이나 사고방식을 보면, 자신이 원하는 것에 얼마만큼 근접하였는지 가늠할 수 있다. 그러나 우리는 흔히 자신의 현재 상태를 직시하지 못하고, 자신이 원하는 미래만을 보고 사는 경우가 많다.

지금 당신의 신체와 생각하는 방식을 살펴보라! 지금 현재의 체형은 당신이 과거 몇십 년간 매일매일 해왔던 습관의 결과인 것이다. 또한, 현재 당신의 사고방식을 되짚어보라! 오늘 아침 잠자리에서 일어났을 때, 오늘 자신에게 일어날 일에 대해 부정적으로 상상한 것들을 떠올려보라! 그것이 바로 자신의 과거 몇십 년 동안 매일매일 해왔던 생각하는 방식의 결과이다. 오늘 하루만 그렇다고? 요즈음만 그런 것이라고? 아니다. 지금 그렇게 생각하는 것조차도 과거부터 해왔던 습관이다.

그렇다면, 자신의 인생에서 고난의 시련과 마주쳤을 때 반응하는 태도는 어떨까? 이것도 마찬가지로 자신의 인생에서 과거에 해왔던 습관의 결과이다. 최고수준의 사람들에 어느 정도 근접하는 수준인지 파악해봐야 하고, 자신의 그 견디는 힘이 어느 정도인지 살펴봐야 한다. 드러내어서 스스로 파악해야 한다. 누군가는 당신의 사고방식만을 얼핏 보는 것으로, 당신의 견디는 힘이 어느 정도인지 가늠하고 있다. 당신도 다른 사람들의 그것을 얼핏 짐작해보는 것처럼 말이다.

만약 당신이 고난이나 시련에 대해 견디지 못하고 있거나 회피하고 있는 상태라면, 더더욱 이것을 드러내야 한다. 지금 견디지 못하고 있는 상태가 바로 과거 자신의 행동습관이고 사고방식이기 때문이다. 자신의 인생에서 힘든 일을 견뎌 내거나 헤쳐나간 경우가 그리 많지 않기 때문이다. 바로 그 이유뿐이다. 당신의 본래 의지력이 약하다거나 가진 정도 때문이 아니라, 반응하는 태도의 습관 때문인 것이다.

반드시 구분해야 한다. 지금 현재의 시점에서 그 상황을 또 다른 과거로 그냥 무심히 보내지 말라. 그렇게 되면 고난과 시련에 맞서려고 하지 않는 습관이 미래에도 유지될 것이고, 그 미래가 오면 지금의 습관을 또한 후회되는 과거로서 기억하게 될 것이다. 그냥 매일 매일의 습관처럼 인생을 마감할 때까지 가게 되고 만다.

미래에 혹은 나중에 어떻게 해보겠다는 계획은 원래 불가능하다. 상황이 좋아지면 어떻게 해보겠다는 것도 불가능하다. 그것은 이미 회피한 것과 같다. 현재도 또한 당신이 과거에 그렇게 생각했던 미래가 아니었던가! 현재의 나 자신은 과거 인생에서 힘든 일들을 견뎌왔던 결과물이다. 지금 자신의 현재는 과거 고난과 시련을 이겨내기도 하고, 못 이겨내기도 했던 나의 역사다. 지금부터 자신의 이겨내고 견디는 힘의 역사를 다시 써야 한다. 잘 견디고 이겨내는 것에 최고수준인 사람들에게는 '그때 되면 해보자!'라는 계획 따위는 없다.

시작과 끝은 하나고, 완성과 미완성도 한 몸이다. 늦었다는 것은 시간의 세계에서는 의미가 없다. 자녀가 있어서, 나이가 많아서, 생활이 바빠서, '지금은 안 된다'라고 말하지 말라. 그것이 당신이 살아온 과거 사고방식의 습관이었고, 지금의 패배는 그렇게 말해옴으로써 만든 결과이다. 늦었다거나 상황이 여의치 않다고 생각하는 것은 단지 당신의 태도일 뿐이다.

시작하는 것이다. 드디어 내 인생의 역사에서 마침내 태도를 바꾸어서 과거를 만들어 보는 것이다. 인생의 시침은 움직이고 있다고 했다. 미약한 것부터, 사소한 것부터 시련에 도망 다니지 말고 조금씩 받아들여보는 거다. 그러면 움직일 것이다.

지금 견디지 못하고 있는 상태가 바로 과거 자신의 행동습관이고 사고방식이기 때문이다. 바로 그 이유뿐이다. 지금 현재의 시점에서 그 상황을 또 다른 과거로 그냥 무심히 보내지 말라. 그렇게 되면 고난과 시련에 맞서려고 하지 않는 습관이 미래에도 유지될 것이고, 그 미래가 오면 지금의 습관을 또한 후회되는 과거로서 기억하게 될 것이다.

시작과 끝은 하나고, 완성과 미완성도 한 몸이다. 늦었다는 것은 시간의 세계에서는 의미가 없다. 자녀가 있어서, 나이가 많아서, 생활이 바빠서, '지금은 안 된다'라고 말하지 말라. 그것이 당신이 살아온 과거 사고방식의 습관이었고, 지금의 패배는 그렇게 말해옴으로써 만든 결과이다.

다른 사람들을
경쟁상대로 여기지 마라

인생은 시소(Seesaw)를 타는 것과 같다. 오르고 내리는 것으로 즐거울 수 있는 것처럼, 인생도 다른 사람과 더불어서 오르고 내리는 굴곡을 통해 즐거워지는 것이다. 시소가 혼자서 즐거움을 얻을 수 없게 되어있듯이, 인생 또한 시소처럼 다른 사람이 없으면 성립될 수 없다. 자신 이외에 다른 사람이 없는 인생은 생각만 해도 정말 끔찍하게 느껴질 것이다. 그런 인생은 누구도 원하는 것이 아닐 테니까.

인생의 시소에서 다른 사람이 없다면, 내가 앉아있는 쪽이 절대로 올라가는 일은 없다. 누군가 반대편에서 아래로 힘을 가해주지 않으면 불가능하다. 반대편의 다른 누군가가 자신을 낮추어 나를 위로 올려줘야 한다. 그리고 내가 올라간 후 그대로 움직이지 않고 있다면, 정지해 있는 것이므로 또한 즐겁지가 않다. 그래서 올라간 후에라도 내려와야 즐거울 수 있다.

내가 내려가는 것은 반대편의 다른 사람을 올려주는 것과 같으므로, 나를 낮추어서 다른 사람을 올려주는 것 역시 즐거운 일이 되는 것이다. 인생에서 내가 올라갈 수 있는 것은 이렇듯 다른 사람이 자신의 인생을 낮추기 때문이다. 반대편에 있는 사람도 이러한 운용을 똑같이 느끼기 때문에, 인생의 시소는 항상 서로가 웃으며 즐길 수 있다. 서로의 인생의 굴곡에도 불구하고 두 사람 다 즐거운 인생을 살게 된다.

인생에서 즐거워하고 슬퍼하며, 절망하고 희망할 수

있는 것은 모두 다른 사람들이 있기 때문이다. 그래서 자신의 인생이 소중한 만큼, 다른 사람들의 인생도 똑같이 소중하다. 내가 타고 있는 인생의 시소 반대편에는 반드시 다른 사람의 인생이 있다. 그도 나와 같이 자신의 인생에 희로애락을 가지고 있다. 절망과 희망, 성공과 실패, 노력과 좌절 등을 똑같이 가지고 있다. 서로 알고 지내든 모르고 지내든, 낱낱이 얘기해주지 못할 뿐이다.

인생에서 진정 고민되는 일이나 좌절의 감정을 다른 사람에게 아무렇게나 떠들어대는 사람은 그리 많지 않다. 당신도 그럴 테니까. 서로 잘 알 수는 없어도, 만약 다른 사람의 불행이 나의 행복이 된다고 생각해보라. 그리고 다른 사람의 좌절과 고통이 나의 즐거움과 기쁨이 된다고 생각해보라. 정말 슬프고 비참한 세상이 되지 않겠는가!

인생에서도 시소를 타는 것처럼, 올라갈 때와 내려갈 때 모두 기쁨을 줘야 한다. 시소에서 다른 사람이 내려가야만 내가 올라가듯이, 내 인생이 더 나은 방향으로 변화하는 것에는 다른 사람의 보이지 않는 도움도 있어야 가능하다. 다른 사람이 자기 인생을 위해 행동하는 것을 잠시 멈추고, 당신의 인생을 위해 힘과 에너지를 투입하는 것에 진심으로 감사해야 한다. 시소의 반대편에 있는 사람은 당신을 위해 절망이 아닌 기쁨으로 행했기 때문이다. 바로 당신을 올려준다는 기쁨 말이다.

가족이나 지인들이 숨은 조력자들이라는 사실을 알지만, 그 조력자들이 당신의 인생에 얼마나 지대한 영향을 주는지 잘 모르고 지나친다. 세심하게 살펴보지 않으면 정말 그것을 느끼지 못한다. 보고 싶은 것만 보고, 듣고 싶은 것만 듣기 때문이다. 가족이나 지인들이 기쁨으로서 당신의 인생을 위로 올려주기 위한 행동들을 발견하는 것은 그리 어렵지 않다.

잠든 척하고 당신을 위해 무엇을 하고 있는지 유심히 보라! 당신이 내일 활동하게 하기 위한 음식을 준비하거나, 옷을 정성껏 다림질하거나, 혹은 기도하는 마음으로 앉아 있다는 것을 알 수 있을 것이다.

더 신기한 것은, 가족이나 지인뿐만 아니라 당신이 모르는 사람들도 역시 돕고 있다는 사실이다. 그 모르는 사람들이란 한 번도 만난 적 없고 또 내 인생에서 한 번도 만나지 못할 지구상의 모든 사람들일 수 있다.

인생은 주변사람들에게서만 영향을 받는 것이 아니라, 저 먼 외국의 어떤 사람들에게도 영향을 받는다. 그 사람들은 당신과 직접적으로 면식이 없을 뿐이지, 인생에서의 시소에서는 당신을 항상 돕고 있는 것이다.

이 사실에 의아해할 지 모르지만, 당신의 인생을 더 나은 방향으로 변화시키기 시작한다면 곧 느낄 수 있다. 어디에 있는 누구인지는 모르지만, 나중에는 그 사람들이 당신의 인생이 변화하는 데 기쁨으로 행동해 준 것임을 알게 된다.

그래서 인생에서 어떠한 것을 성취했다면, 그 결과가 혼자 힘으로만 이루었다고 말하지 못하는 것이다. 자신의 주변사람들뿐만 아니라, 세상의 이름 모를 사람들이 도왔기에 가능했던 것이다. 잘 느끼지 못했다면, 오로지 나 자신과 해야 할 일만을 쳐다보았기 때문이다. 인생에서의 시소는 그렇게 움직이고 있다.

예를 들어, 당신이 최고의 피아노 연주자가 되고 싶다고 가정하자. 최고가 되기 위해서는 그것과 관련된 연습이나 노력을 통해서 얻은 실력만으로 되는 것은 아니다. 역시 이것에도 다른 많은 사람들의 도움이 있어야 가능하다. 당신의 피아노연주를 들어주는 사람들이 있어야 하고, 피아노를 만드는 사람들도 있어야 한다. 또한, 피아노 연주 실력의 등급기준을 만드는 사람들, 피아노란 악기를 좋아하는 사람들, 그리고 최고 연주자의 탄생을 세상에 전달해주는 사람들이 있기에 성립하는 것이다.

이 사람들은 정말로 누구인지도 몰랐던 사람들이다.

이렇게 엇물려 관계되는 다른 사람들이 없었다면 당신의 인생에서 그러한 경지는 없는 것이다.

또한, 당신 스스로 최고의 경지에 이르렀다고 생각해도 다른 사람들이 인정하지 않고 비난한다면 최고라고 여겨질 수 없다. 베토벤(Ludwig van Beethoven)의 음악이 당대 사람들에게는 칭송을 받지 못하고, 100년 이후의 사람들로부터 비로소 최고의 찬사를 받게 된 것을 잘 알고 있으리라.

이렇듯, 당신 혼자로만 이룰 수 있는 것들은 이 세상에는 없다. 그것을 인정해주는 사람들이 있어야만 된다. 다른 많은 사람들은 인생의 시소에서 당신의 인생을 위로 올려줄 것이다. 느끼든 못 느끼든 그렇게 되어 있다. 성공을 이룬 후에 그 성취결과를 다른 사람들에게 다시 환원하는 이들은 바로 이 점을 잘 알고 있기 때문이다.

오늘날 경영학에서도 이러한 관계를 과학적으로 실

행한다. 기업의 고객만족경영(CSM-customer satisfaction management)의 최신경영 기법에서는 상품을 팔 수 있는 이유가 판매하는 기술이 좋아서가 아니라, '고객(소비자)들이 사주기 때문인 것'으로 이해하고 있다. 고객은 그 물건을 꼭 사야 되는 것은 아니지만, 그래도 사 준다는 것이다. 만약 고객(소비자)이 안 사준다면 그 기업은 없는 것이다. 그래서 새로운 상품을 만들 때도 제일 먼저 고객을 연구하게 되는 등, 모든 기업의 공정절차가 거꾸로 바뀌게 되었다. 마찬가지로 기업도 물건을 사준 것에 감사하고, 또 고객(소비자)이 있다는 것 자체에 감사한다. 성공한 이가 다른 많은 사람들에게 감사하는 이유와 같다.

또 한 가지 놀라운 사실은, 다른 사람들은 당신이 인생에서 무엇인가를 시도하거나 도전하는 것을 도와준다는 것이다. 원래 있었던 분야를 그냥 선택한 것인데 다른 사람들이 무슨 도움을 주었느냐고 반문할 수 있지만, 다른 사람들이 그 분야의 체계를 마련해놓지 않았다면 당신은 그렇게 살겠노라고 결심할 수 없기 때문이다.

결국 그들이 당신에게 피아노를 연주하는 인생을 살 수 있게 해 준 것이다. 다만, 당신은 그들을 잘 알지 못할 뿐이다. 잘 알지 못하는 사람들이지만, 그들의 인생이 당신으로 하여금 자신의 인생을 찾을 수 있게끔 조성해준 것이다.

최고가 되든 최고가 되지 못하든, 그것은 중요하지 않다. 자신이 선택한 인생을 살 수 있게 해준 것으로도 큰 의미가 있으니까. 그래서 그러한 인생을 살 수 있게 도와준 이름 모를 많은 사람들에게 감사해야 한다. 결국 당신의 인생은 다른 사람들의 인생이 있으므로 살 수 있다.

만약 지금 당신이 피아노를 잘 치는 것에 열중하거나 혹은 다른 어떤 분야에 도전할 것을 생각하고 있다면, 이미 그것에 관련된 다른 사람들도 돕기 시작한 것과 같다. 피아노 레슨을 해주는 선생님처럼 직접적으로 그 분야에 대해 코칭을 해주는 사람도 있지만, 당신이 모르는 다른 사람들도 그것을 돕는 방향으로 힘을 끌어들이게 된다. 성공한 후에, 당신이 많은 사람에게 박수와 칭송을 받게 되는 것이 그것을 증명한다.

그래서 최고가 되면 자신이 이루었다고 생각되지 않는다. 일부러 겸손한 것이 아니라, 최고가 되고 나면 인생에서의 시소 같은 그 운용의 원리를 비로소 체득하게 되기 때문이다. 자신의 인생이 다른 사람들과 더불어 있기에 가능하다는 것에 진실로 눈을 뜨게 되는 것이다.

당신을 포함한 현대사회를 사는 모든 사람들의 인생은 그렇게 되어 있다. 스스로 무엇을 하려고 마음먹었을 때, 또 무엇을 하다가 어려움을 겪었을 때, 이렇듯 다른 사람들의 인생이 엇물려 있다.

다른 사람들이 당신을 돕고자 할 준비가 되어있기에, 인생의 시소에서 필요한 것은 좌절하지 말고 계속하는 것이다. 당신의 인생에서 희비(喜悲)가 교차하듯이, 오르고 또 내리는 것을 기쁨으로 계속해야 한다. 견디고 이겨

내야 한다. 그것을 계속하지 않는다면, 다른 사람들도 당
신을 도울 수 없기 때문이다.

당신의 인생을 도울 이름 모를 천군만마가 있지만, 당
신이 스스로 그 일을 그만 두겠다고 하면 다른 사람들은
별 다른 방법을 쓸 수가 없다. 그저 당신을 안타까워할
뿐이다. 그들은 당신을 돕는 방향으로 힘을 끌어들이지
못하게 된다.

최고가 되는 것은 결과가 아니다. 시작과 끝이 하나
이고 한 몸이듯이, 당신을 둘러싼 모든 사람들에게 감사
하는 마음이 생길 때, 그곳이 진정한 최고의 자리인 것이
다. 어느 분야에서 랭킹이나 순위 따위는 그 과정보다 아
래에 있다. 진정한 최고는 그 과정 때문인 것이다. 그래
서 당신이 어려움을 견디고 이겨내면서 계속 가는 것이
필요하다.

그것은 사실 시소를 타고 올라가고 내려가는 것처럼
즐거운 일이다. 인생의 시소에서 내려갈 때도 실패하는

과정으로서 즐거움이다. 당신이 그 고마운 다른 사람들의 인생을 올려준 것과 같으니까. 당신도 곧 반드시 올라가는 즐거움을 느낄 것이다.

세상에서 다른 사람들이란 당신의 경쟁상대가 아니라, 당신을 돕는 이들이다. 지금 인생에서 고난과 시련을 헤쳐 나갈 생각을 가지면 당신은 더 이상 혼자가 아니다. 계속 가라! 계속 가면 곧 알게 될 것이다!

시소에서 다른 사람이 내려가야만 내가 올라가듯이, 내 인생이 더 나은 방향으로 변화하는 것에는 다른 사람의 보이지 않는 도움도 있어야 가능하다. 다른 사람이 당신의 인생을 위해 힘과 에너지를 투입하는 것에 진심으로 감사해야 한다. 시소의 반대편에 있는 사람은 당신을 위해 절망이 아닌 기쁨으로 행했기 때문이다.

더 신기한 것은, 가족이나 지인뿐만 아니라 당신이 모르는 사람들도 역시 돕고 있다는 사실이다. 그 모르는 사람들이란 내 인생에서 한 번도 만나지 못할 지구상의 모든 사람들일 수 있다. 그 사람들은 당신과 직접적으로 면식이 없을 뿐이지, 인생에서의 시소에서는 당신을 항상 돕고 있는 것이다.

당신을
매우 특별한 사람으로 만들라

사이버대학에 몸담은 지 어느새 10년이 다가온다. 교육 분야와 인연을 맺은 지는 더 오래 전부터이지만, 필자에겐 매우 의미 있는 것들을 얻게 해준 일터다.

이곳에서도 원하는 것을 성취하는 과정에서 적잖은 고난과 시련이 있었다. 현재는 필자가 유치하고 있는 학생 수만도 연간 12,000명에 이르는 최다규모로 성장했지만, 초창기 불모지에서 지금까지의 고난과 시련은 필자에게도 예외가 될 수 없었다.

온라인교육을 대학교육으로서 부흥시키기 위한 방법으로서, 최대한 많은 학생을 유치하려는 것에 초점을 맞추었다. 각종 교육공학기법들을 이용해봤고, 또 경영학적 측면에서 첨단 마케팅기법과 프로모션 등도 동원하였다. 그러나 이것들은 한계가 있었다. 온라인교육은 편리하긴 해도, 대학교육을 담당할 만큼의 질적 수준이 안 될 것이라는 선입견이 항상 가로막았다.

그렇게 고심해오던 어느 해에 필자는 결정적인 전환점을 맞이하게 되었다. 그것은 정말 뜻밖의 것이었다. 온라인 교육시스템의 성능을 높이거나 학습과정을 개선하는 것이 아닌, 너무나 기본적이고 평범한 것에서 해답을 찾게 된 것이다. 그것은 바로 '학생들의 노력에 대해 특별한 관심을 가져주는 것'이었다.

이 사건은 필자에게 엄청난 파장을 주었다. 학생 개개인의 자아실현을 돕는 것보다, 온라인교육 체계의 틀만을 고집하려고 했던 것이 문제점이었다. 이것은 교육의 원래 모습으로 회귀(回歸)하는 것이기도 했다. 그 때 이후, 필자는 학생들을 많이 유치하는 것보다, 학생들의 자기실현과정에 특별한 관심을 표현하는 것으로 업무목표를 모두 바꾸었다. 그 이후부터 상황은 확연히 달라졌다. 주위 사람들이 더 적극적으로 돕기 시작했고 학생 수도 더욱 늘어나기 시작했다.

그러나 더 놀라운 일은 따로 있었다. 그것은 주위사람들이 필자를 '매우 특별한 존재'로 여기기 시작한 것이다. 그들은 필자를 '자기 이익보다 학생들의 자아실현을 위해서 일하는 사람'이라고 했다.

우리는 인생에서 고난과 시련을 이겨내야 하는 이유를 조금 더 가치 있는 것에서 끌어내야 한다. 그렇게 되면, 고난과 시련을 견뎌야 하는 이유를 더 아름답게 한다. 자기 스스로도 그렇게 생각하게 되고, 또한 다른 사람들도 그렇게 여기게 된다. 사람들은 사회공헌을 위해서나 타인의 행복을 위해서 인생을 사는 것만큼 아름다운 일은 없다고 생각한다. 그래서 그것을 위해 힘쓰는 이에게 도움과 격려를 주게 된다. 그리고 그 사람을 매우 특별한 존재로 여기게 된다.

하지만, 우리는 고난과 시련을 견디는 이유가 자기 자신의 안위만을 위한 경우를 종종 보게 된다. 그 이유가 자신의 인생을 더 나은 방향으로 변화시키기 위한 것은 분명하지만, 결국 자기 자신의 이익으로 끝난다. 내가 배불리 먹기 위해서, 내가 돈을 더 많이 벌기 위해서, 내가 더 높은 지위를 얻기 위해서이다. 그것을 견디고 이기려는 이유가 자신만 잘되는 것에 집중되어 있다.

아쉽게도 이런 이유는 그리 특별한 것이 아니다. 하루 세끼 먹는 것, 입을 옷이 필요한 것 등과 같은 누구나 쉽게 얘기 할 수 있는 것일 뿐이다.

현대사회처럼 치열해진 경쟁구조에서는 나 하나 잘 사는 것도 힘든 일이라고 말한다. 물론, 자신이 잘 사는 것에 집중된 목표가 결코 나쁜 것은 아니다. 그것도 매우

중요하다. 하지만, 그럼에도 자신의 인생에서 고난과 시
련을 견디는 이유에 더 큰 가치를 부여해야만 한다. 왜냐
하면 이겨내고 성취한 후에도 인생은 계속되기 때문이
다. 그러므로 원하는 것을 이루어서 '그것으로 무엇을 할
것인가?'를 생각해 봐야 한다. 이것이 더욱 큰 의미를 부
여할 수 있게 한다. 그렇게 되면, 자신이 힘든 고통을 이
겨내는 일이 다른 사람들에게는 더 고귀한 것으로 인식
된다.

사람들은 보통 "나는 내 소유의 어엿한 식당을 하나
갖는 것이 목표야." 혹은, "난 딱 10억만 모을 거야." "난
반드시 의사가 될 거야."… 등의 희망사항들을 말하곤
한다. 그러나 이러한 희망사항들이 만약 자신만 윤택해
지기 위한 수단으로서 설정된 것이라면, 그냥 '돈을 많이
버는 것이 목표다'라고 말하는 것과 같다. 나쁘다고 할
수는 없지만, 다른 사람들과 별반 특별할 게 없다. 의사
가 되기 위한 것도 결국 자신이 더 많은 이익을 갖기 위
한 과정이 돼버리는 것이다. 누구도 그 사람이 고난과 시

런을 견디는 것을 적극적으로 도와야 한다고 생각하지 않는다.

이렇듯, 희망사항 또는 인생의 목표가 단순히 돈을 많이 벌어들이는 것으로 그쳐서는 안 된다. 돈의 가치는 변함이 없어도, 돈이 될 수 있는 가치는 항상 변하는 법이다. 돈을 쫓지 말고, 돈이 되는 가치를 추구해야 한다. 지금 밥도 굶고 있는 지경인데 그런 생각은 사치가 아니냐고 말하는 이도 있겠다. 그러나 그렇게 생각하면 언제나 그 수준에서 인생을 살게 됨을 알아야 한다.

이제는 자신의 목표에 더 가치 있는 것을 끌어들여야 한다. 자신의 인생에서 고난과 시련을 이겨내는 이유를 좀 더 가치 있는 것으로 승격시켜야 한다. 예를 들어, 어엿한 식당을 갖는 것은 모든 사람들에게 행복한 맛의 세계를 알리기 위해서이고, 10억을 모으는 것은 관련 산업을 육성시키고 싶어서이고, 의사가 되고 싶은 것은 새로운 치료기술 개발로 많은 고통 받는 사람들을 치료하기 위한 것이라고 얘기할 수 있어야 한다. 말로만 그치지 않고, 실제로 금전적으로 윤택해지는 삶 이상의 가치를 마련해야 한다.

생각해보라! 만약 자기만의 이익을 위해서 사는 사람과, 자기이익보다 더 가치 있는 것을 위해 사는 사람 중, 당신은 누구를 진심으로 도울 것인가?

당신의 인생에서 고난과 시련을 견디는 이유는 단 한 가지로만 구성될 수 없다. 고난과 시련을 견디고 이겨내야 하는 이유를 좀 더 의미 있는 것에서 끌어들여야 한다. 그것이 당신의 인생을 더 아름답게 만들게 된다. 그렇게 되면 상황은 완전히 바뀔 것이고, 당신이 인생에서 고난과 시련을 견디는 힘에 박수와 존경을 보내는 이들이 나타날 것이다.

지금 그것에 대해 생각하고 있다면 당신은 이미 다른 사람들에게 매우 특별한 존재이다.

인생의 목표가 단순히 돈을 많이 벌어들이는 것으로 그쳐서는 안 된다. 돈의 가치는 변함이 없어도, 돈이 될 수 있는 가치는 항상 변하는 법이다. 돈을 쫓지 말고 돈이 되는 가치를 추구해야 한다.

고난과 시련을 견디고 이겨내야 하는 이유를 좀 더 의미 있는 것에서 끌어들여야 한다. 그것이 당신의 인생을 더 아름답게 만들게 된다. 그렇게 되면 당신이 고난과 시련을 견디는 힘에 박수와 존경을 보내는 이들이 나타날 것이다. 지금 그것에 대해 생각하고 있다면 당신은 이미 매우 특별한 존재이다.

나와 친한 사람들은
왜 내가 선망하는 대상이 아닌가?

지금 자신과 친한 사람들 중에 진실로 선망하는 사람들이 끼어있다면, 당신은 이미 원하는 것을 반쯤 얻은 상태이다. 그들 중에서 특히 당신과 똑같은 인생의 목표를 벌써 이루어놓은 사람이 포함되어 있다면, 더욱 더 근접했다고 볼 수 있다. 국가고시를 준비하는 사람이 이미 국가고시에 합격한 사람과 알고 지내는 것, 음식점 창업을 준비하는 사람이 이미 요식업 프랜차이즈를 성공으로 이끈 사람과 친분을 갖고 지내는 것 등이다.

자신이 선망하는 사람들과 친분관계를 유지하는 것

은 인생이 변화하는 것을 촉진하는 역할을 한다. 자기 인생의 최종 목표를 이룬 것이 아니라도, 자신보다 더 나은 사람들과 친분관계를 갖는 것은 매우 이롭다. 이 사람들은 자신이 계획한 목표를 이루는 과정에서 어렵고 힘든 일을 어떻게 헤쳐 나갔는지 자연스럽게 알게 해주거나, 그 분야의 더 발전된 범위까지 서로 토론할 수 있게 한다. 이렇듯 인생에서는 누구와 교류하고 지내느냐가 매우 중요하다.

보통, 친한 친구들이란 대부분 오랜 시간을 알고 지내면서 가까워진 사람들이다. 그리고 이러한 친구들 중에는 아무 대가나 조건 없이도 서로 깊은 감정을 공유할 수 있는 이들도 있지만, 그냥 단순히 향락에 시간을 보내는 것으로 만나는 이들도 있다. 더구나 사회에 진출한 이후에는 진정한 친구를 사귈 수 없다고 생각하고, 자신의 현재 대인관계에 안주하게 된다. 그래서 친한 친분관계에 있는 사람들은 옛 친구들로 족하다고 여긴다. 더 안타까운 것은, 허송세월을 같이 해온 친구와도 허물없고 격의 없이 지내왔다는 이유만으로 두터운 친분을 계속 유지한다는 점이다.

인생에서 신망 있는 친구들과 친분을 계속 유지하는 것도 필요하지만, 자신의 인생을 더 나은 방향으로 변화시킬 수 있는 이들과 새로운 친분을 맺는 것도 매우 중요하다. 선망하는 사람과 이미 친분을 유지하고 있더라도, 새로운 사람들과 친분을 쌓는 활동을 계속해나가야 한다.

오히려 타성에 젖어 소모적으로 시간을 보내는 친한 사람들과의 관계를 개선해야 한다. 자신의 분야에 인생을 걸고 있는 사람들, 그리고 거기서 에너지와 힘을 투입하는 사람들에 관심을 가져야 한다. 그들이 누군지, 어디서 만날 수 있을지 등을 생각해보고 지금부터 그들과 교류하기 위한 일들을 일상생활에서 실행에 옮겨야 한다.

자신이 목표한 것을 이루는 과정에서도 사람들과의

교류를 중지해서는 안 된다. 현재 친분이 있는 사람들과도 그러하고 또 자신과 같은 분야에서 앞서나가는 사람들과의 교류는 더욱 그러하다. 혼자서 조용히 실력만을 키우거나 시험에 합격하는 것만을 준비해서는 부족하다. 왜냐하면, 그 사람들이 걸어온 과정에서 실제로 겪었던 일에 대해 진실된 사실들을 알 수 없기 때문이다.

영국의 최대 교양인으로 꼽히는 필립 체스터필드(Philip Chesterfield)는 아들에게 보낸 편지를 책으로 엮은 『아들아 너는 인생을 이렇게 살아라』에서, 혼자 학문만을 키우는 데만 힘쓰는 인생을 '학자 바보'라고 했다. 이론적으로는 충분한 지식을 가지고 있을지 모르지만, 사람들과 직접 공감하고 교감하는 것은 잘 모르기 때문에 한계에 다다르게 된다.

일단 교류를 시작하게 되면 자연스럽게 그들이 견디고 헤쳐 나갈 수 있었던 비밀스러운 방법에 대해 얘기할 수 있고, 또 알려진 것과 다른 사실도 듣게 된다. 이러한 교류를 위해 사교기술을 배울 필요는 없다. 사교적인 성격이 아니라서 걱정할 필요도 없다. 기회를 일부러 만들기 어렵다면 세미나나 박람회, 친목모임 등 일반적인 교류의 장을 적극적으로 활용하는 것으로도 무난하다. 그들에게도 옛 친구들처럼 아무 조건이나 대가 없이 순수한 마음으로 정중히 다가서는 것으로 충분하다.

인류학자인 에드워드 홀(Edward T. Hall)은 인간관계에 있어서 거리와 친밀도의 관계를 흥미롭게 해석하고 있다. 이른바 '거리 친밀도'라고 하는 것인데, 나와 상대방과의 신체가 일정거리보다 가까울수록 친밀도가 높고, 일정거리보다 멀수록 친밀도가 낮다고 보았다. 자신이 선망하는 사람들과 친밀도가 매우 높을 것까지는 없지만, 상호 긍정적인 관계를 맺게 되는 것으로도 충분하다. 친밀도가 높은 사람들은 보다 자주 교류하고 깊게 교류한다. 서로 같이 있는 시간도 많을뿐더러 공감하는 정도도 훨씬 높다. 그러므로 자신의 인생을 변화시키고, 어렵고 힘든 일들을 이겨나가는 것들에 대해 조언해줄 수 있는 이와 친분을 쌓아야 한다.

지금 그러한 사람들이 자신의 주위에 있는지 둘러봐야 한다. 직장에 있든, 대학에 있든, 학원에서 공부를 하든, 이제부터 자신과 친한 사람들을 그러한 사람들로 서서히 바꾸어 나가야 한다.

이는 대인관계에서 항상 더 나은 사람들하고만 교류를 하라는 것은 아니다. 자신과 친한 사람들과 함께 주로 무엇을 하며 지내는지 살펴보아야 한다. 만약 그들이 대부분 배울 것이 없는 사람들로 구성되어 있다면 심각한 상태로 간주해야 한다.

지금 자신의 일상에서 친하게 지내는 사람들을 떠올려보라! 인생을 살면서 자신을 더 나은 방향으로 발전할 수 있게 만드는 사람들이 있는가? 그리고 그들 중에 내가 진정으로 선망하는 사람들이 있는가?

지금 자신과 친한 사람들 중에 진실로 선망하는 사람들이 끼어있다면, 당신은 이미 원하는 것을 반쯤 얻은 상태이다.

자신의 인생을 더 나은 방향으로 변화시킬 수 있는 이들과 새로운 친분을 맺는 것도 매우 중요하다. 오히려 타성에 젖어 소모적으로 시간을 보내는 친한 사람들과의 관계를 개선해야 한다. 자신의 분야에 인생을 걸고 있는 사람들, 그리고 거기서 에너지와 힘을 투입하는 사람들에 관심을 가져야 한다.

내가 앓고 있는 증후군

현대를 사는 사람들은 그야말로 신드롬(Syndrome)의 홍수에 시달리고 있는 듯하다. 증후군이라고 불리기도 하는 이 신드롬은 원래 질병의 범주에 속하는 것은 아니다. 다만, 의학이나 심리학적으로도 증상의 이유가 정확하지 않을 때, 병의 이름에 준하여 부르는 것이다. 그러나 요즘은 언론이나 매체 그리고 사회집단에서 임의로 유행처럼 각양각색의 신종 신드롬을 만들어내기도 한다.

인생에 있어서도 이러한 부정적인 증후군이 존재한

다. 인생을 더 나은 방향으로 변화시키는 것과 시련과 고난을 견뎌내는 것을 매우 강하게 막아서는 것인데, 이는 바로 '냉소주의(冷笑主義, Cynicism)'다.

이것은 자신의 인생과 다른 사람들의 인생에서 일어나는 일에 대해 모두 폄하하며 조롱하는 태도이다. 소중한 것이나 가치 있는 일은 없다고 생각하고, 인생 자체도 하찮은 것 그리고 부질없는 것들로 치부한다.

"지금 공부한다고 될 것 같아?" 혹은 "어디 얼마나 잘 되는지 두고 보자", "이것을 해보겠다고? 너라고 별 수 있을 것 같아?"… 등 이런 식으로 모든 의지에 찬물을 끼얹는 태도이다.

이러한 태도는 특히 고난과 시련을 견디는 것에 대한 실패가 반복되었을 때 빠져들기 쉽고, 한 번 빠져들면 자신과 타인 모두에게 심각한 타격을 줄 수 있다. 더 치명적인 것은 자신의 인생뿐만 아니라, 주변 사람들에게도 그런 태도를 갖게 하는 것이다.

이것은 인생의 시소에서 다른 사람들이 자신을 도울 수 없게 만드는 요인이 되므로, 자신의 인생을 완전히 고립시킬 수밖에 없다. 이 정도의 위력이라면, 인생을 더 나은 방향으로 변화시키는 것을 저해하는 가히 무서운 증후군이라고 볼 수 있겠다.

인생에서 대비해야 할 또 한 가지 증후군은, 자신의 감정을 무조건 억제하는 것이다. 울거나 화내는 등의 부정적인 감정들뿐만 아니라, 웃거나 사랑하는 등의 긍정적인 감정도 표출하지 않고 무조건 참는 것이다. 현대사회는 대인관계의 교감이나 끈끈함이 부족하기 때문에, 솔직한 감정을 표출하는 것을 예의에 어긋난 행위로 보는 경우가 많다. 그러나 그것은 편견일 뿐이다.

자연현상에서도 에너지를 사용한 후에 부산물이 생기듯이, 우리가 인생을 살면서도 변화하는 에너지와 힘을 가하게 되면 그 부산물이 생긴다. 이 부산물이 바로 감정의 찌꺼기들이다. 힘들고 어려운 일을 견디고 이겨내는 과정에서 생기는 부산물인 것이다. 이 감정의 찌꺼기들을 해소하지 않고 계속 쌓아놓기만 하면, 자연의 순리와 마찬가지로 인생은 당연히 제 기능을 하지 못하고 오염될 수밖에 없다.

이렇듯 부정적인 감정을 외부로 표출하면서 해소하는 것은 극히 자연스러운 것이다. 비정상상태가 아니다. 감정이 발생되는 그 때 당장 표출하지 못해도, 그것을 발산하고 해소하는 시간을 일부러 마련해야 한다. 울음을 터뜨리고 절규하는 것은 비인간적인 행동이거나 무식한 행동이 아니다. 견디기 힘들면 그렇게 해야 한다. 감정을 계속 억누르기만 했기 때문에 더 심각한 상태에 빠지게 되는 것이다.

화가 나는 경우 필요하다면 거기서 화를 내라! 감정을 표출해라! 다만 그 결과에 대해 수준 있게 수습해야 하는 것을 잊어서는 안 된다. 이것은 화를 잘 내는 사람이 되라든지, 자주 우는 사람이 되라는 것은 아니다. 절제하되 무조건 억제하지는 말라는 의미다.

　당신의 인생에서 어려운 일을 이겨내기 위해 화낼 수 있고 또 크게 울 수 있는 것은 결코 창피한 일이 아니다. 오히려 그것을 무리하게 억제함으로서 더 좋지 않은 상태에 놓일 수 있다. 오히려 매사에 냉소적인 태도를 가지면서 조롱하고 격하시키는 것이야 말로 비겁하고 창피하기 그지없는 일인 것이다.

　괜찮다! 크게 울어라! 화내라! 웃어라! 그리고 사랑해라! 이것이 진정 당신의 아름다운 모습이다.

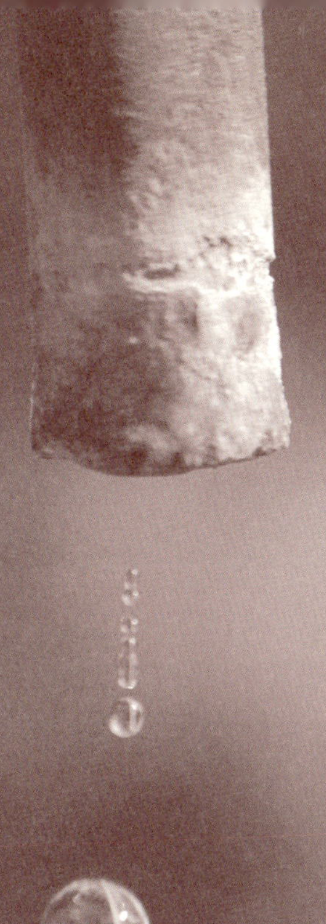

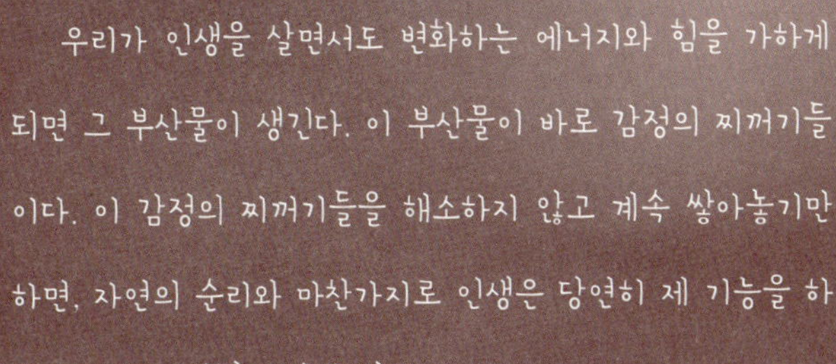

우리가 인생을 살면서도 변화하는 에너지와 힘을 가하게 되면 그 부산물이 생긴다. 이 부산물이 바로 감정의 찌꺼기들이다. 이 감정의 찌꺼기들을 해소하지 않고 계속 쌓아놓기만 하면, 자연의 순리와 마찬가지로 인생은 당연히 제 기능을 하지 못하고 오염될 수밖에 없다.

인생의 생리학
– 사점(Dead Point)과 슬럼프(Slump)

"나 요즘 슬럼프인가 봐."

우리가 일상에서 의외로 자주 듣고 또 자주 얘기하는 말이다. 의욕도 저하되고, 기분도 가라앉고, 되는 일도 없고, 모든 게 귀찮기만 할 때가 있다. 더 이상 하기 싫고, 왠지 평소에 잘되는 일도 뜻대로 되지 않는다. 더 잘해 보려고 해도 잡생각만 들고, 힘들고 지친 마음에 벗어나고 싶은 마음뿐이다.

이러한 상황이 오면 슬럼프가 왔으려니 생각하면서 체념하게 되는데, 이것은 사실 슬럼프가 온 것이 아니라 사점(死點, Dead Point)에 다다른 것일 수도 있다.

‘사점’과 ‘슬럼프’는 운동생리학 용어로 주로 쓰이는데, 특히 슬럼프는 1929년 미국 뉴욕의 월 스트리트의 주가폭락에서 시작된 세계대공황을 ‘Slump of 1929’라고 표현하면서 널리 알려지게 되었다. 그러나 사점은 그 전문분야 이외에 그리 널리 알려져 있지 않다. 운동생리학적 측면에서는 사점과 슬럼프는 매우 유사한 점도 있지만 확연히 구분되고, 인생에 있어서도 반드시 구별해서 대응해야 한다.

사점은 운동을 멈추지 않고 계속할 때, 숨이 멎을 것 같은 극도의 고통을 느끼는 지점을 말한다. 그 느낌이 마치 죽음의 고통과 같다고 해서 사점이라고 지칭하는데, ‘오래 달리기’를 할 때 숨이 차서 쓰러질 것 같은 고통을 경험한 것을 떠올리면 된다. 그러나 이 사점을 지나게 되면, 놀랍게도 편안하게 운동 상태를 계속 유지할 수 있는 단계가 온다.

이 단계는 제2의 호흡이라고 불리는 ‘세컨드 윈드

(Second Wind)'인데, 운동선수들이 오랜 시간 계속해서 격렬한 운동 상태를 유지할 수 있는 것은 바로 이 때문이다. 그러나 대부분의 사람들은 운동 시에 매번 사점을 못 넘기고 포기하기 때문에 이 환상적인 단계를 경험하지 못하는 것이다.

반면에 슬럼프는 그 증상이 사점과 매우 흡사하지만, 이것은 사점과 같이 운동 초기에 나타나는 것이 아니라, 일정한 실력이나 궤도에 오른 상태에서 찾아오는 것이다. 운동을 처음 시작하는 단계가 아니라, 그 분야에 대해 웬만한 수준의 실력을 갖춘 사람이 침체기를 맞아서 실력을 제대로 발휘하지 못하는 것이므로 사점과는 확연히 다르다.

또한 슬럼프는 그 이후에 세컨드 윈드와 같은 단계가 반드시 오지 않을 수도 있다. 아무리 이기려고 노력해도 호전되지 않고 장기화될 수도 있는 특성 때문에, 슬럼프를 이겨내는 기법들은 현대에도 다양하게 연구되고 있다.

인생에서 힘들고 어려운 일에 부딪혔을 때, 이것이 사점인지 또는 슬럼프인지를 잘 구별해야 한다. 그것을 잘 알고 대처해야 이겨낼 수 있기 때문이다. 우리가 인생에서 힘들고 어려운 일이라고 생각하는 상태는 대부분 슬럼프가 아니라 사점에 다다른 것이다. 그럼에도 자신이 슬럼프에 있다고 착각하고 그 일을 중도에 그만두거나 다른 일에 빠지게 된다. 하지만 실제로 슬럼프에 빠진 사람은 그렇지 않다. 침체되어 있지만 통상적으로 그것을 포기하지 않고 계속한다. 다만, 성과가 예전 같지 않은 것에 낙담하는 것이다. 그러므로 중도에 그만두고 포기하거나 회피하는 것은 슬럼프에 빠진 것이 아니라 사점에 있는 것이다. 변화하는 것에 완전히 익숙해지지 않아서 괴롭고 힘들게 느껴지는 상태인 것이다.

이러한 사점에 다다르는 것은 극히 자연스러운 것이다. 누구나 지나야만 하는 지점이다. 이 지점을 통과하지 않고 좋은 결과를 얻을 수 없다. 그러나 다행이도 우리의 신체와 정신에는 사점과 같은 극도의 고통에 계속 적응할 수 있는 제2의 숨은 엔진이 있다. 이 엔진으로 자신이 하는 일에서 세컨드 윈드를 경험해 봐야 한다. 훨씬 수월하게 해나갈 수 있는 놀라운 힘을 느껴봐야 된다. 더 이상 하기 싫은 고통을 느끼는 지점에서 멈추면 안 된다. 조금씩이라도 계속해야만 한다.

영어서적을 구입해서 반 정도 공부하다가 힘들어 그만두고 싶어지면, 이는 사점에 다다른 것이다. 이것을 스스로 깨닫고 흥미롭게 즐겨야 한다. 학습 분량을 줄여서라도 끝까지 읽어야 한다. 뭔가 모를 새로운 느낌이 자극할 것이다. 당신은 특별한 존재가 되고, 또한 다른 모든 사람들이 당신을 도울 준비를 한다는 사실을 잊지 말아야 한다.

셔리머레이 박사가 발표한 『슬럼프 극복의 7가지 지혜』에서도 그 치유법의 일환으로 대게 하던 일을 중단하거나 거기에서 탈피하는 것을 권장한다. 만약 사점에 있는 사람이 자신이 슬럼프에 있는 것으로 착각하면 엉뚱

한 대응을 하게 된다. 계속 진행해야만 향상될 수 있는데도 무턱대고 중단하게 되는 것이다. 늘 찾아오는 사점을 슬럼프로 착각하면 허송세월을 보내게 된다. 이는 인생에서 돌이킬 수 없는 심각한 결과를 가져올 수 있다.

슬럼프는 자신과 자신이 선망하는 것을 잇는 연결고리가 고갈(枯渴)된 것이다. 그리고 선망하는 것보다, 자기 자신이 소중하고 특별한 존재라는 사실을 스스로 북돋으라는 암시다. 지금까지 늘 해왔던 그 연결고리는 한계에 다다른 것이다. 슬럼프는 인생에서 최악의 상황은 아니지만 조심스럽게 다루어야 한다. 사점을 극복하듯이 밀어붙이는 식으로는 한계가 있다. 사점을 돌파하는 것은 능력을 향상시키지만, 슬럼프를 이겨내는 것은 인생의 차원을 향상시킨다.

여태껏 가져보지 못했던 것들로 시간을 채워야 한다. 선망하는 것을 보지 말고 자신을 보아야 한다. 여기에 소요되는 시간을 아까워하지 마라. 치유하는 데는 약효만 가지고 되는 것이 아니라 시간도 반드시 필요한 것이다.

한 가지만 오래 반복해왔기 때문에, 그것과 관련 없는 것에 관심을 가져야 한다. 평소에 접하지 못했던 명작을 통해서 자신을 보는 것도 좋은 방법이다. 뮤지컬, 창극, 오페라, 고전발레, 종교음악, 전혀 접해보지 않은 분야에서 명작들을 보는 것이다. 그리고 여행을 떠나라! 관광이 아닌 여행이다. 목적이 없어도 좋겠다. 도시보다 조그만 마을의 사람들을 만나고 얘기하고 와라. 그 사람들이 사는 것에 대해 특별한 메시지를 받지 못해도, 그냥 보는 것으로도 족하다. 당신은 주변 사람들에게 특별한 존재이기에 슬럼프에 있는 것이다.

당신은 그렇게 시간을 보낼 자격이 충분히 있다. 왜냐하면 그것을 이겨낸 후에는 또 다시 주변 사람들을 위해 자신의 에너지를 쓸 테니까.

　　사점(死點, Dead Point)과 같은 극도의 고통에 계
속 적응할 수 있는 제2의 숨은 엔진이 있다. 우리는
인생에서 이 세컨드 윈드(Second Wind)의 놀라운 힘을
느껴봐야 된다.

　　슬럼프는 자신과 자신이 선망하는 것을 잇는 연결
고리가 고갈(枯渴)된 것이다. 그리고 선망하는 것보
다, 자기 자신이 소중하고 특별한 존재라는 사실을 스
스로 북돋으라는 암시다. 슬럼프를 이겨내는 것은 인
생의 차원을 향상시킨다. 치유하는 데는 약효만 가지
고 되는 것이 아니라 시간도 반드시 필요한 것이다.

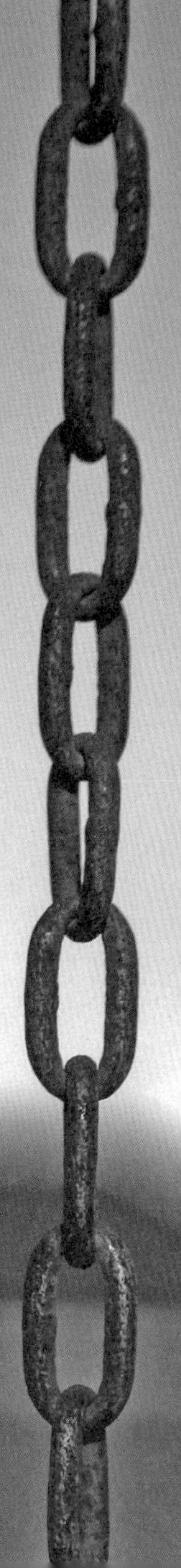

카우치 포테이토(Couch Potato)와 마우스 포테이토(Mouse Potato)

카우치 포테이토(Couch Potato)는 미국에서 만들어진 신조어로 소파에 누워서 TV를 보며 감자칩을 먹는 사람을 일컫는다. 그러나 이것은 집 안에서 매일 할 일 없이 빈둥거리는 게으름뱅이의 전형적인 모습을 묘사할 때 더 많이 쓰인다. 이들은 푹신한 소파와 대형 TV 그리고 먹을 것만 있으면 더 바랄 것 없는 행복한 시간이라고 생각한다. 아무것도 하는 일 없이 TV 앞에서 시간을 보내는 것이다.

이러한 맥락에서 'MP족'이라 불리는 신조어도 생겼

는데, 이는 마우스 포테이토(Mouse Potato)를 줄인 것으로, 요즈음 인터넷 환경의 발달로 인해 컴퓨터와 웹 서핑 등에 몰두하는 사람들을 말한다.

TV와 컴퓨터는 원한다면 언제나 손쉽게 접할 수 있고, 우리 생활의 구석구석에 깊은 영향을 주고 있다. 또한 이것들은 인간이 만들어낸 최악의 발명품으로 생각되기도 하고, 반대로 우리생활에 없어서는 안 될 존재로 생각되기도 한다.

분명한 것은 우리가 인생을 살면서 이것들과 상당한 시간을 함께 보내고 있다는 점이다. 만약 누군가 이것들과 함께 있는 시간을 측정한다면 매우 놀랄 것이다. 내가 아끼는 사람들보다, 내가 중요하게 생각하는 일보다 더 많은 시간을 보내지 않는다고 장담할 수 있겠는가?

이렇듯 너무나도 익숙해져 버린 TV와 컴퓨터가 나의 인생에 근본적으로 어떤 영향을 주고 있는지 알게 되면, 다시 한 번 놀라게 될 것이다.

문제는 매체의 형태인 TV와 컴퓨터 자체가 아니라 그것들이 주로 전달하는 메시지와 내용이다. 그것들이 무엇을 전달하고 싶어 하는지에 주목해야 된다. 사람들의 인생이 더 나은 방향으로 변화하는 것을 돕기 위한 목적인지, 아니면 다른 목적이 있는지 말이다. 과연 무엇을 전하기를 원할까?

TV나 인터넷사이트들은 대부분 광고를 매개한다. 이효성 교수의 저서 『정치언론』에서도 대중매체가 가지는 구조적 성격에 대해 설명하면서, TV는 항상 광고를 매개할 수밖에 없다고 한다.

간단히 말하면, TV나 인터넷 사이트는 근본적으로 나를 포함한 대중들에게 물건을 팔기 위한 메시지를 보내는 것을 주목적으로 한다. 광고주들은 TV나 인터넷에서 자신의 광고를 접하는 시간과 빈도가 늘어나는 것이 유리함으로, 사람들이 TV나 컴퓨터 앞에서 떠나지 않고 계속해서 보고 있는 것을 원하게 된다.

사람들을 TV 앞에 계속 붙잡아두려면, 심오한 사상이나 교양보다는 주로 흥미로운 것과 선정적인 것을 보여주는 것이 유리하다. 헝가리 출신의 미국 기자였던 퓰리처가 게재한 만화가 바로 옐로우 저널리즘(Yellow Journalism)이며, 선정주의(sensationalism)의 효시다.

"드라마만 보고, 광고는 안 보면 되지"하고 생각할 수 있지만, 방송국은 광고주가 내는 광고비로 운영되기 때문에, 결국 그들의 요청을 들어줄 수밖에 없는 관계가 된다.

드라마나 각종 프로그램이 인기가 없으면 시청률이 낮아지고, 시청률이 낮아지면 자신의 광고를 보는 사람이 적어지게 되므로, 광고주는 방송프로그램도 자극적이거나 선정적인 내용으로 구성하기를 원하게 된다. 그래서 TV는 광고뿐만 아니라, 방송프로그램에서도 이성적인 내용보다 감정적이고 소모적인 것들로 꽉 채우게 된다. 진지하기보다 냉소적이고, 이성적인 판단이 필요 없는 상황들로만 구성한다. 그래야 누구나 다 보게 되고,

그 앞에서 붙잡혀 있기 때문이다.

이러한 대중매체의 성향은 우리의 인생에 또 다른 치명타를 날린다. 티처너(Tichenor)가 얘기한 '지식격차가설(Knowledge-gap hypothesis)'이 이것을 잘 설명하는데, 이것은 대중매체가 사람들의 계층 간의 지식의 격차를 더 크게 한다는 것이다. 값싸고 저급한 내용들로 구성되어 있는 TV 등이 고급지식을 담고 있지 않기 때문에, 경제력이 낮은 사람들은 값비싼 고급지식문화를 접하지 못하고, 어쩔 수 없이 값싼 저급지식문화만을 접하게 되는 것이다.

TV는 그것을 사람들이 눈치채지 못하게 잘 숨겨둔다. 경제적으로 궁핍한 사람들이 값비싼 골프 잡지나 요트서적 등을 사서 볼 리가 없다. 적은 돈으로는 저급한 내용들로 이루어진 것들을 보게 되므로 지식격차가 더 크게 벌어지는 것이다.

TV나 대중매체는 본질적으로 나의 인생이 더 나은 방향으로 변하는 것을 돕지 않는다. 그렇다고 생활에 밀접한 TV나 인터넷과 아예 담을 쌓을 필요는 없다. 그러나 제대로 볼 수 있는 능력을 갖추어야 한다. 자신을 통제할 수 있어야 한다. 좋은 내용들을 골라 볼 수 있어야 하고, 기분전환으로 잠시 즐길 수 있어야 한다. "이건 감각적인 상황을 즐기는 단순오락의 상황이야" 하고 이해할 수 있어야 한다. 그래야 TV를 보면서도 진정한 휴식을 취할 수도 있고 '아하!의 법칙'도 일어날 수 있는 것이다.

포테이토 카우치나 MP족이 되는 것이 마치 미국식 고급문화를 향유하는 것으로 착각하는 경우가 많다. 그러나 이것은 타인과의 교류를 차단하는 걸림돌이 되고, 사회학자 리스먼(David Riesman)이 애기한 고독한 군중(The Lonely Crowed)처럼 자신을 더욱 고립시킨다. 그리고 많은 돈을 가지고 있는 사람들이 원하는 대로 행동해주는 것이므로, 자신의 인생을 도둑질 당하는 것이다. 세련

되어 보이지만 결국 게으름뱅이일 뿐이다. 지금부터 눈
을 비비고 새로운 시각으로 보라!

WAKE UP!

분명한 것은 우리가 인생을 살면서 TV와 인터넷매체들과 상당한 시간을 함께 보내고 있다는 점이다. 만약 누군가 이것들과 함께 있는 시간을 측정한다면 매우 놀랄 것이다.

문제는 매체의 형태인 TV와 컴퓨터 자체가 아니라 그것들이 주로 전달하는 메시지와 내용이다. 그것들이 진정 우리에게 무엇을 전달하고 싶어 하는 지에 주목해야 된다. 이는 타인과의 교류를 차단하는 걸림돌이 되고, 고독한 군중(The Lonely Crowed)처럼 자신을 더욱 고립시킨다.

지식의 한계에 대한 불안감

규칙적으로 할 일(Task)의 목록을 수행

"그게 될까?"라는 주위의 빈번한 반응

남의 성공에 진정한 박수를 보내는 나

계속되는 실패와 좌절감의 스트레스

다시 시도할수록 점점 무뎌지는 성공의 관문

남들로부터 부여되는 새로운 기회

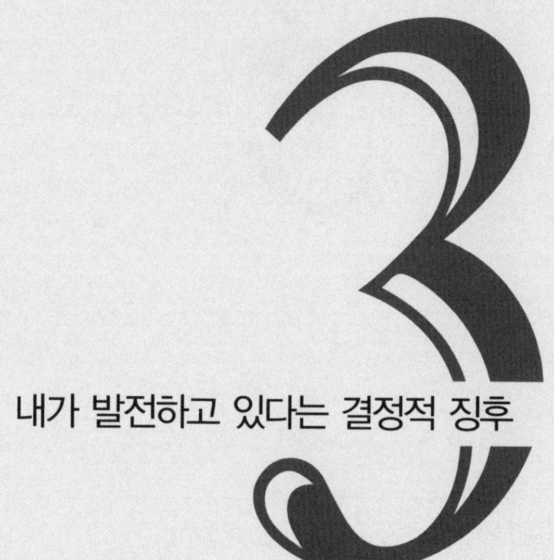

3

내가 발전하고 있다는 결정적 징후

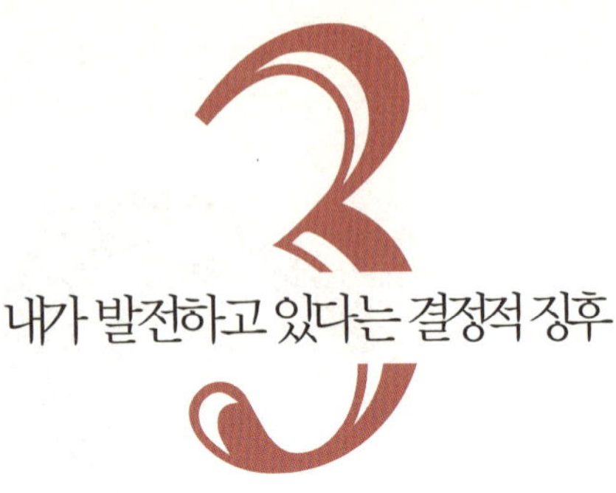

내가 발전하고 있다는 결정적 징후

인생을 살면서 자신이 향상되고 있다는 느낌을 받는 것은 대단히 매력적인 일이다. 무엇인가에 열중해서 스스로 이루어냈을 때 느끼는 기분만큼이나 상쾌한 느낌이 또 있을까?

이렇게 성취감을 만끽하는 습관은 인생에서 매우 고무적인 역할을 한다. 그래서 누구나 그 기분을 자주 느껴봤으면 하지만, 인생에서 성취감이나 성공감을 느끼는 일은 그리 빈번하게 일어나는 것이 아니라고 생각한다.

자기 인생에 한두 번 정도 오는 것쯤으로 여긴다.

이것은 성공이 너무 원대한 것들에만 해당되는 것이라고 생각하기 때문이다. 그러나 인생에는 항상 작은 성공들이 일어난다. 그것을 스스로 간파하지 못하고 있지만, 잘 눈여겨본다면 인생에서의 작은 성공이 매우 빈번하게 일어나고 있다는 것을 깨달을 수 있다. 이 작은 성공들은 즐거움을 가져다주며, 실제로 자신이 발전되고 있다는 증거이기도 하다.

사람들은 자신이 성공하기까지 얼마나 왔는지, 얼마나 더 가야 하는지에 대해 종잡을 수 없어 한다. 자신이 잘하고 있는지 분명하지도 않고, 이런 식으로 계속 노력하면 성공하는지 확신하기도 어렵다. 이에 필자는 '내가 발전하고 있다는 7가지 결정적인 징후(Signs)'라는 비밀스런 법칙을 들려주고자 한다.

이 7가지 징후는 자신의 인생이 더 나은 방향으로 변화하는 단계로서, 일상에서 스스로 느낄 수 있는 것들이다. 또한 이 7가지 징후는 성공에 이르기까지 대부분 1번부터 7번까지 순서대로 나타나기 때문에, 현재 자신이 성공에 얼마나 다가서있는지 가늠할 수 있게 한다.

당신의 인생이 7가지 단계 중에 초반에 있든 후반에 있든, 그것은 중요하지 않다. 여기 7가지 징후 중, 한 가지라도 자신의 인생에 나타났다면 성공의 문턱에 접근하고 있는 것이니까.

인생에서 이 7가지 징후를 모두 겪게 되면 성공의 문이 열려있는 모습을 실제로 볼 수 있게 된다. 중간 중간에 이 징후들이 나타났다 사라질 때, 자신이 미처 포착하지 못했던 작은 성공들도 눈에 띌 것이다. 과거에 이 징후들이 나타났을 때 포기한 적이 있다면, 성공의 비밀스러운 모습을 몰랐기 때문이다.

이 징후들이 나타나면 당신은 지금 발전하고 있는 것

이 틀림없다. 이제 당신에게도 실현될 성공의 은밀한 손짓을 순간순간 느끼게 될 것이다.

지식의 한계에 대한
불안감

지식이 부족하다고 생각할 수 있는 것은 지식을 추구하고 있기 때문에 생길 수 있다. 지식을 추구하지 않는 상태에서는 그것이 부족한지 넘쳐흐르는지 알 수가 없다. 스스로 어떤 것이 부족하다는 것을 깨닫는 것은 모든 발전하는 것의 기초가 된다. 부족하다는 생각이 없다면, 더 추구하지 않기 때문이다. 그러므로 더 추구하지 않는 인생은 더 나은 방향으로 변할 수 없다.

여기서 생기는 불안감은 학교성적이 떨어져서, 대학에 진학하지 못해서, 혹은 유수기업에 입사하지 못해서 생기는 것과는 구별되어야 한다. 이것은 현재 어디에 있든, 무엇을 하든, 성적이나 성과의 고하를 막론하고 지식 자체에 대한 부족감을 두려워하는 것을 말한다.

소크라테스(Socrates)는 "사람들은 자신이 모르는 것이 있다는 사실 자체를 모른다"고 했다. 자신이 뭘 모르는지 모르는 것이다. 자신의 인생에서 이 사실을 알고 있는 사람과 모르고 있는 사람의 차이는 실로 엄청난 것이다.

자신이 현재 부족한 것이 돈이나 외모가 아니라, '지식'에 초점을 맞추게 되는 것은 쉽게 오를 수 있는 차원의 것은 아니다. 지식은 지혜롭게 되는 것을 돕기 때문에, 지식부족을 걱정하는 것은 이미 성공의 원리를 터득하고 있는 것과 같다. 나보다 더 나은 사람들은 어떤 것에 대해 더 자세히 알거나, 남들이 모르는 부분을 더 알고 있는 것이다. 그래서 성공한 사람은 그 분야의 지식에 가장 정통하다.

또한, 이 징후가 나타나는 것은 '걱정하기'에서 벗어나서 '해결책 찾기'를 구사하기 시작했다는 증거다. 자신의 인생에서 문제를 하나하나 해결하고 이겨내는 방법으로서 이성적인 해결책에 눈을 돌리기 시작한 것과 같다. 이 징후는 자신의 발전단계에서 시작시점이나 완성시점에 상관없이 찾아오는 것이지만, 특히 초기에 나타나지 않으면 발전의 모든 것이 지체된다.

규칙적으로
할 일(Task)의 목록을 수행

이 징후는 자신이 발전하고 있다는 매우 실질적인 증거다. 여기서 '할 일'이란 누군가 시켜서 하는 일이 아니라, 자기 자신에게 스스로 직접 부과한 일을 말한다.

이렇게 스스로 규칙적으로 할 일을 부과할 수 있다는 것은, 막연하게 성공을 생각하는 것에서 구체적인 행동계획을 세우는 운용능력이 생겼기 때문이다. 하기 싫어도 해야만 하는 일이 있다는 것을 완벽하게 이해하고 있는 것이며, 작은 성공들을 자신의 인생에 끌어들이는 단계에 다다른 것이다.

　또한, 여기서 할 일이란 이를 닦는다든가, 밥을 먹는다든가, 혹은 TV를 본다든가 하는 기초생활을 유지하는 것들이 아니다. 설정된 목표를 달성하기 위해 고의적으로 의도된 직무(Task)의 단위를 말한다. 이를테면, 하루에 영문으로 된 기사 1개 읽기, 주말에는 항상 4시간씩 독서하기 등이며, 혹은 그 밖에 자신이 추구하는 분야의 어떤 규칙적 연습도 포함된다. 이른바 '받아들이기'를 잘하는 단계에 진입한 것이다.

　특히, 자신이 부과한 직무가 반드시 규칙적이어야 한다는 조건을 두고 있는데, 이는 절대로 다른 것에 양보하지 않는 시간임을 의미한다. 해도 되고 안 해도 그만인 불규칙적인 일이 아니라, 무슨 일이 있더라도 반드시 해야 하는 일로 정한 것들이다. 이것은 다양한 유혹의 상황에도 NO! 라고 할 수 있는 의지를 가지게 된 것과 같다. 자신을 에워싸고 있는 중요하지 않은 일들을 거절할 수 있다는 것은 성공의 핵심적인 요소다.

규칙적으로 해야 할 일을 수행하기 시작하게 되면, 또 다른 할 일(Task)들이 생기게 된다. 새로운 할 일의 목록이 계속 추가되는 것이다. 그렇게 되면, 아무것에도 양보할 수 없는 시간이 더 많아지므로, 시간이 항상 부족하다고 느낀다. 하루가 짧다고 생각되고 바쁘게 시간을 보내게 된다. 이러한 상황은 마침내 인생의 시침과 같은 중장기계획을 세울 수 있는 감각을 만든다.

"그게 될까?"라는
주위의 빈번한 반응

자신이 무엇인가를 고안해 낸 후, 체계적으로 진행하는 단계에서 나타나는 징후이다. 주위 사람들이 고개를 갸웃거리며 "그건 불가능하지 않을까?"라는 얘기를 듣게 되는 것은, 자신의 목표가 설정되었고 또 그것을 이룰 수 있는 방법들을 다양하게 시도하고 있다는 증거다. 그리고 주위사람들의 반응을 고려하면서 다시 확인하고 보완해나가고 있다는 것을 의미한다.

이 징후는 자신이 열중하고 있는 내용이 그만큼 새로운 것임을 입증하는 것이다. 이것은 사람들이 불가능과 가능을 논하기 이전에 이미 특별함을 가지고 있는 것이다.

프란시스 베이컨(Francis Bacon)은 "누구도 해낸 적 없는 성취란, 누구도 시도한 적 없는 방법을 통해서만 가능하다"고 말했다. 그래서 새로운 창조물이나 창의적인 아이디어를 낼 때마다, 항상 "그게 될까?"라는 말들이 항상 따라다니는 것은 우연이 아니다.

자칫 주위 사람들의 이러한 반응에 당황할 수는 있으나, 이미 여러 가지 지식과 개념들이 연관되어 있는 상태라 더욱 확신을 가지게 된다. 오히려 그 확신에 혹시 오류가 있는 것은 아닌지 조심스럽게 점검하는 단계이므로, 성공에 성큼 다가선 것이다.

또한, 이러한 부정적 반응을 가지고 있는 사람들에게 이것이 어떤 면에서 의미가 있고 어떻게 실현가능한지 설명하는 시간을 자주 갖게 되므로, 다른 사람들에게도 영향을 미치게 되는 성숙한 단계이다. 인생의 시침이 상당히 움직인 상태로 볼 수 있다.

남의 성공에
진정한 박수를 보내는 나

남들이 성공했다고 하니까 단순히 축하하는 의미에서 박수를 치는 것이 아니라, 진심으로 존경을 표하고 싶은 마음에서 박수를 보내는 나를 발견하게 된다. 이것은 성공에 대한 편견이나 선입견에서 모두 벗어날 수 있을 때 가능한 것이다. 남들이 잘되면 보통 부러움과 함께 질투심이 자극되기 마련이지만, 순수하게 그 사람의 열정과 성과에 경의를 표할 수 있는 것은 자신도 이미 성공의 문 앞에 와있다는 것을 의미한다.

이것은 또한 성공이나 성취에 관해서 이미지트레이닝이 되어 있다는 것을 의미하기도 한다. 실제 자신이 성공을 이룩한 것은 아니지만, 그것이 어떤 과정을 거쳐서 이루어졌는지 터득하고 있는 것을 말한다. 이미지트레이닝은 자신이 수행해야 하는 것을 미리 머리 속에 그려 넣고, 그 그려진 이미지와 똑같이 수행하는 연습을 하면서 오차를 줄여나가는 것이다.

이 징후가 나타나게 되면, 현재 자신이 미래에 겪게 될 발전의 과정을 먼저 경험하려는 지혜가 생긴 것이다. 그래서 타인이 성공하기까지 고난과 시련을 이겨낸 일들을 자신의 현재 상태와 동일하다는 일체감을 느끼면서, 그 감각을 간접적으로 느낄 수 있게 된다. 이렇게 강화된 감각은 자신이 앞으로 부정적 상황을 겪게 될 때, 우직하게 계속해나갈 수 있는 끈기의 원천이 된다.

또한, 이 징후는 자신이 어디쯤 와있는지, 얼마나 더 가야 하는지 알고 있다는 증거가 된다. 자신의 성공에 관

한 예행연습을 하고 있는 것이므로, 축하를 보낼 때 마치
자신의 성공인 것처럼 순수하게 기뻐할 수 있는 것이다.
이른바 자신의 성공에 관한 강한 메시지를 타인으로부터
피드백 받고 있는 상태다.

계속되는 실패와
좌절감의 스트레스

자신에게 실패가 반복되고 그로 인한 좌절감에 괴로워하는 마음이 생기면, 사실상 성공한 상태와 다름없다. 이 징후의 겉모습은 마치 노력한 것에 대한 최종 심판의 결과로 보이지만, 사실은 바로 임박한 성공의 태동을 알리는 산고(産苦)와도 같은 것이다. 좌절감 때문에 그만두고 싶다는 생각이 들 뿐, 사실 성공의 문에 이미 들어온 상태다. 고통 없이 성공은 없고, 성공은 실제로 이 징후를 느낄 때 주로 찾아온다.

이 시기에 오는 극도의 좌절감과 스트레스는 성공에 대한 열망의 또 다른 표현이다. 이 같은 부정적 감정의 크기는 자신이 실패하기까지의 과정에서 노력해 온 정도와 비례하기 때문에, 실패감이 클수록 많은 노력을 투입했다는 의미가 된다. 그러므로 도저히 일어서기 힘든 고통을 느낀다는 것은 성공의 방향으로 제대로 과정을 밟아온 것임을 의미한다.

실패를 여러 번 겪는다는 것은 성공의 문을 두드리는 메시지를 계속 타전하는 것과 같다. 믿기지 않겠지만, 열심히 노력한 결과가 성공이냐 실패이냐를 결정짓는 것이 아니라, 잦은 실패가 비로소 성공을 만드는 것이다. 성공이란 것은 이렇듯 우리가 상식적으로 생각하는 것과 다르게 찾아온다.

빈번한 실패와 좌절감은 세상(우주)과 다른 사람들에게 자신의 성공의도와 품은 마음을 알리는 것이다. 인생의 시소에서 자신과 엇물려 있는 다른 사람에게도 그것을 전하게 되어, 비로소 완전한 성공의 모습을 갖추게 한다. 다른 사람들에게 자신의 메시지를 계속해서 보냄으로써, 그들을 결국 돕는 방향으로 응답을 하게 만드는 것이다.

또한, 실패를 통해 느끼는 좌절감과 스트레스는 사점(Dead Point)에 다다른 것이다. 자신이 정신적, 육체적으로 매우 힘든 상태에 처해 있지만, 성공의 문에 진입했다는 사실을 잘 구별하고 있는 상태이다. 이것을 혼동하지 않고 힘든 분기점에서도 계속 정진하고 있는 것이다. 실패를 겪어도 또 시도하는 이유가 바로 여기에 있다. 인간이 가지고 있는 가장 위대한 모습은 바로 이 징후가 나타났을 때 볼 수 있다.

다시 시도할수록
점점 무뎌지는 성공의 관문

실패와 좌절감에서 계속되는 재도전을 하면서, 종전에 느껴보지 못했던 묘한 기분이 생기게 된다. "이번에는 운이 좋은데?" 혹은 "이번에는 별로 까다롭지 않았어!" 하고 말하게 되는 때가 잦아지게 된다. 마치 자신에게 행운이 자주 찾아오는 것 같고, 또 과거에 도전할 때와는 달리 조금씩 수월하다는 생각도 들기 시작한다.

이러한 기분이 드는 것은 실제로 그것이 쉬워졌거나 운이 좋아서가 결코 아니다. 자신의 성능이 한층 좋아진 것이다. 견디고 이겨내는 힘뿐만 아니라, 모든 면에서 한층 성장한 능력 때문이다. 다만 자신이 훌쩍 커버렸다는 것을 눈치 채지 못하고 있을 뿐이다. 그리고 행운이 항상 승리한 자에게 찾아온다는 법칙이 왜 생기게 되었는지 자연스레 이해되기 시작한다.

이 징후가 나타나면 드디어 사점(Dead Point)을 넘어섰다는 것을 의미한다. 그리고 실패의 좌절감과 스트레스를 이겨내는데 익숙해졌음을 말한다. 제2의 엔진을 가동한 세컨드 윈드(Second Wind) 시점이기 때문에, 고통은 사라지고 모든 일이 재미있고 쉽게 느껴진다. 그리고 남들에게 갈채를 받는 자신의 모습을 직감하게 되고, 성취감과 기쁨을 어렴풋이 경험하게 된다.

여기서부터는 더 나은 방향으로 변화하는 이유들에 더욱 더 몰두하게 되고 집중하게 된다. 자신의 노력을 완성시키려는 결심을 단단히 하게 되어 스스로 더 박차를 가하게 되고, 그 결과도 예상하는 것과 가깝게 나타나게 된다. 이전 단계의 징후들이 또다시 나타나더라도, 과거보다 모든 면에서 훨씬 속도가 빨라진다. 힘도 덜 드는 것 같고, 고통도 덜 한 것으로 느껴진다. 드디어 자그마한 성공이 일상의 습관처럼 되기 시작하고 그것에 익숙해진다.

남들로부터 부여되는
새로운 기회

자신이 성공했다는 것을 실감하게 되는 징후다. 성공했다는 느낌을 자기 안에서만 가지는 것이 아니라, 자신이 타전했던 성공의 메시지에 대한 응답을 실제로 듣게 된다. 이러한 외부의 응답들은 "아! 내가 성공한 것인가?"하는 탄식마저 자아내게 한다.

이 응답들은 주로 '좋은 기회'라는 형태로 찾아온다. 다른 사람으로부터 '제안'이라는 것을 받게 되는 것이다. 게다가 그 제안들은 주로자신에게 꿈에 그리던 것과 흡사한 것들이 대부분이 된다. 스카우트 제안을 받고, CF

주인공에 발탁되고, 사업수주를 청탁받게 되고 강연을 부탁받는 것 등이다.

과거에는 주로 자신이 이러한 기회를 찾아 다녔지만, 이제는 기회가 자신을 찾아오는 형식으로 바뀌게 된다. 양상이 바뀐 것이다. 남들로부터 부여되는 기회가 많아짐에 따라, 그 기회를 받아들일 것인지 사양할 것인지 이 두 가지로 구분하게 된다.

그리고 새로운 기회가 부여되면, 이것을 어려운 과제가 부여되는 것이라든지, 힘든 일을 수행하는 것으로 생각하지 않고 적극적으로 수용하게 된다. 이렇듯 새로운 기회가 기하급수적으로 생겨나는 '성취가속도의 법칙'도 실감하게 된다.

남들로부터 부여되는 기회는 한편으로는 중요한 사람들과 친분을 맺게 되는 계기가 된다. 자신의 인생을 더 빛나게 해 줄 사람들과 친밀하게 지내게 되는 것이다. 드

디어 자신이 선망하는 사람들과 가까운 지인으로 지내게
되는 놀라운 일을 겪게 된다.

또한, 이 단계가 되면 자신이 성공한 분야에 대해 신
념도 생기게 된다. 신념은 무엇과도 바꿀 수 없는 확고부
동한 생각과 태도라고 할 수 있는데, 더 가치 있는 것에
대한 고민들을 그들과 나누게 된다.

세상에 이렇듯 새로운 차원이 존재한다는 것이 신기
하다는 생각이 들고, 다른 사람들에게 자신이 꼭 필요한
존재로 인식되는 경험이 가슴을 뛰게 한다. 그리고 자신
과 관계없는 다른 분야도 묘하게 엇물려서 운용된다는
사실도 확인하게 된다.

학문의 영역에서 학제(學際, interdisciplinary)가 있는 것
처럼, 현실은 여러 분야가 함께 협력으로써 대처가능하
다는 것도 이해하게 된다. 그러므로 인생에 전혀 무관할
것 같았던 사람들과의 상호관계도 중요하게 생각하게 된
다. 이 생각으로 자신이 거꾸로 그들에게 새로운 기회를

부여하기도 한다.

상상해보라! 과거에 당신이 선망했던 사람들이 오히려 당신을 선망하게 되는 일이 곧 벌어질 것이다!

송민성

모티베이터(Motivator), CS리더십 강사

서울대학교 사범대학을 졸업하고, 한국미래경영연구소를 거쳐 기업교육 컨설턴트가 되었다. 그는 기업 HRD 분야의 인재양성프로그램을 주로 다루면서 전국은행연합회 월간금융 칼럼니스트, 페러다임러닝 리더십 강사로도 활동을 병행했다.

그의 연구 활동은 '인재가 되는 것'이라는 화두 때문에 겪는 현대인(청소년)들의 숨은 고통을 궁극적으로 다루고 해결해야 하겠다는 신념으로 귀결된다. 이는 곧 인간성을 상실한 채 진행되고 있는 극도의 경쟁사회에서 현대인들이 이를 어떻게 극복해야 하며, 또한 진정 자신들이 무엇을 염원하는지에 대한 고민과 통찰에 대한 연구이기도 하다.

그는 대학시절부터 깊이 고뇌했던 삶의 철학에 대한 지식과 통찰, 그리고 해군장교시절 해군사관학교 OCS교관으로서 축적된 임상경험이 자신을 진정한 모티베이터로 거듭나게 했으며, 그것이 이 책의 결실로 이어지게 되었다고 말한다.

현재 그는 CS리더십 전문가로 서울디지털대학교에 재직하면서 사내강사 겸, 국립과천과학관 사이언스리더십(SLC) 강사, 한국방송통신대학교 OER 프로그램에 4050 리더십 등 다채로운 강의활동을 열정적으로 진행하고 있다.

* 페이스북에 '송민성' 혹은 'CS&리더십'을 검색하시면 저자의 자세한 연구 활동을 볼 수 있습니다.
 이메일 : smsong@sdu.ac.kr

비하인 더 커튼(Behind the Curtain)

발행일 2013년 3월 15일

지은이 송민성

펴낸이 이정수

책임 편집 최민서·신지항

마케팅 총괄 박정상

펴낸곳 연경문화사

등록 1-995호

주소 서울시 강서구 양천로 551-24 한화비즈메트로 2차 807호

대표전화 02-332-3923

팩시밀리 02-332-3928

이메일 ykmedia@naver.com

값 10,000원

ISBN 978-89-8298-145-6 (03320)